膨張するドイツの衝撃

日本は「ドイツ帝国」と中国で対決する

西尾幹二
Kanji Nishio
川口マーン惠美
Emi Kawaguchi-Mahn

ビジネス社

まえがき

ヨーロッパ史を紐解くと、神聖ローマ帝国という言葉が必ず目に飛び込んでくる。

神聖ローマ帝国（九六二―一八〇六年）とはドイツ帝国のことだ。代々のドイツ王がローマ教皇から冠を授けられて皇帝となった。

神聖ローマ帝国は巨大だった。最盛期の版図は、現在のドイツ、オーストリア、イタリア、フランス、チェコ、スイス、オランダ、ベルギー、ポーランド、リヒテンシュタイン、ルクセンブルク、モナコ、クロアチア、サンマリノ、スロベニアを含み、EUの領土とほぼ重なる。

ただ、この帝国は巨大ではあったが、国家や連邦といった性格はほとんどなく、多くの領邦の緩い集合体のようなものだった。帝国全体を総括する行政機関はなかったし、帝国軍は借り集めで、帝国全域を包括するナショナリズムもなければ、実力もなかった。しかし、それでもなぜか帝国は由々しく、その権威は侵すべからざるものであったところが、やはりいまのEUと似ている。

神聖ローマ帝国は、ナポレオンの台頭により、一八〇六年、その幕を閉じた。しかし、ドイツ人のリベンジは素早かった。一八七〇年、普仏戦争でフランスを負かし、その翌年には、鉄の宰相ビスマルクの活躍でドイツ帝国が興る。第一次世界大戦の敗北で、そのドイツ帝国が消滅すると、今度はヒトラーが台頭し、再々度、ヨーロッパ制覇を目論んだ。そのヒトラー政権は、神聖ローマ帝国、のちのビスマルクのドイツ帝国に続く第三帝国と呼ばれている。

その第三帝国の無残な滅び方は、私がここで記す必要もないだろう。国家は消滅し、二度とふたたび立ち直れないかと思われた。ところが、なぜかあっという間に西ドイツは息を吹き返す。そして、一九九〇年に東ドイツを呑み込むと、ヨーロッパでいちばん大きな国となり、いまではEUに君臨している。アメリカもロシアも、すでにドイツを無視できない。

放っておくと伸してくるのが、ドイツである。この国の底力はすごい。経済力と政治力だけでなく、軍事力でも突出してくるのは時間の問題だ。ドイツはまだまだ強くなる。

もちろん、それを快く思っていない隣国は多い。ギリシャ人のドイツ憎悪は危険な水域に達している。フランス人歴史家、エマニュエル・トッドは、現在のドイツを、第四の「ドイツ帝国」と名づけた。トッドはヒトラーの「第三帝国」を示唆しているのだが、私は、いまのドイツにはEUの頸木(くびき)があるので、どちらかというと、神聖ローマ帝国の復活だと実行力を伴ったものになるかは、これからの歴史の流れ次第だ。

思っている。新しいドイツ皇帝の座が、かつてのように張り子の虎で終わるか、あるいは

西尾幹二氏は、一九六五年にドイツに渡られた。その当時の印象や考察は、『ヨーロッパ像の転換』に詳しい。氏の作品のなかで私がいちばん好きな、珠玉のエッセー集である。当時のドイツは、輝かしい復興の道を歩みつつ、まだ第三帝国の後遺症に悩んでいた。そんななか、同じ敗戦国、日本から赴いた若者、西尾氏のドイツ観察は鋭く、核心を突いていて、いまでもそのまま通用する。時の移ろいで政治は変わっても、人間は変わらないということが手に取るようにわかる。

私が留学したのは一九八二年で、ドイツはすでに経済大国であった。それ以後三十余年、ドイツで暮らしてきたが、その間のドイツの国家としての変貌(へんぼう)には目を瞠(みは)るものがある。いや、ひょっとすると、ドイツはようやく戦後を脱却し、ヒトラーの悪夢を捨て去って、昔に戻り始めただけかもしれない。しかし、昔とは、いったいどの時代のことだろう。

西尾幹二氏との対談のお話をいただいたとき、私では力不足であろうと尻込みしたが、いまのドイツ事情を語るようにと説得された。そこでやってみたらとても楽しく、次第に、ドイツが世界において重要な位置を占め始めているということが見えてきた。それは、西尾氏の観察されたドイツから、私が暮らした時間を経て、まっすぐいまにつながっている。

現在のドイツの台頭には、明らかな歴史の必然性があるように思う。

いま、ドイツはとてもおもしろい。そして、私たちは世界史のうねりのなかで生きている。対談を終えたいま、それに気づいて、感動にも似た気分を味わっている。これこそが、対談を通じて西尾氏と私が共有できた多くのドイツへの思いの一つであろうと想像する。

川口マーン惠美

膨張するドイツの衝撃 ―― 日本は「ドイツ帝国」と中国で対決する　もくじ

まえがき —— 3

第一章 ドイツ人はなぜ「日本嫌い」なのか

ドイツのメディアはなぜ日本を悪く書くのか —— 12
「フランクフルター・アルゲマイネ」特派員に見るドイツの「反日」 —— 17
メルケルの発言を平気で曲解 —— 23
日本嫌いのインテリたち —— 26
相互に薄れる日本人とドイツ人の関心 —— 29
〝自虐史観〟の具として利用される謝罪問題 —— 35
変質するドイツ文化 —— 37
「閉ざされた幸福」を「置き去りにされた不幸」に変えたドイツの教育改革 —— 41

第二章 戦後は日米が隣国であって日中は隣国ではない

ひたすら隣国に許しを乞うたドイツのサバイバル作戦 —— 47

韓国の日本攻撃は病的だ —— 53
日本にとっての中国・韓国は、ドイツにとってのロシア・ポーランドだ —— 58
「加害者・被害者」を棚上げした独仏関係の知恵 —— 64
独露のような〝大人の関係〟は〝駄々っ子〟中韓には望めない —— 67

第三章　地球上に広がる「文明の衝突」

イスラムと中韓に通底するのは〝分家〟に追い抜かれた〝本家〟の怨み —— 73
「イスラム国」の行動は十字軍への仕返しだ —— 79
テロ対策が厳重なヨーロッパと無防備な日本 —— 87
「時間の侵略」が始まった戦後と「日本の孤独」 —— 90

第四章　戦争が異なれば戦後も違う

ドイツの戦争と日本の戦争はこれほど異なる —— 97
かくも「戦後」が異なったドイツと日本 —— 103

戦後七十周年を機にドイツの謝罪は減っていく? —— 112
ドイツの謝罪が縮小するであろう、これだけの理由 —— 116
「アウシュヴィッツ・リューゲ」という欺瞞 —— 124
ヴィンクラーの「戦後七十周年」スピーチをめぐって —— 127
過去を忘れたら「歴史」は蛮行を繰り返す —— 135

第五章　難民・移民問題で苦悩するヨーロッパ

〝スキ〟を見せたドイツを襲う「難民問題」という危機 —— 141
EUは明らかに「難民の悲劇」に責任がある! —— 147
ますます強まる「ヨーロッパの閉鎖性」 —— 151

第六章　東へ拡大する「ドイツ帝国」の狙い

「ロシアに代わって東ヨーロッパを支配する国」ドイツ —— 160
中国の高速鉄道の車両買い入れを発表したドイツの〝怪〟 —— 167

軍拡に乗り出したドイツ――これだけの徴候――175
最新式大型潜水艦「そうりゅう型」売り込みに見る逡巡――180
戦後を終わらせたドイツ、終わらせていない日本――184
ドイツはEUをどこへ引っ張っていくのか――189

第七章　原発再稼働か脱原発か

エネルギー政策を転換し、さらに反転させたメルケル首相――200
矛盾だらけのドイツの再エネ発電政策――203
日本がドイツの「脱原発」をマネしてはいけない三つの理由――206
私（西尾）はなぜ「脱原発」を主張しているのか――210
原発のお寒い警備状況――215
「脱原発」をめぐる甲論乙駁――217
日本の原発をめぐる数々の課題――220

あとがき――224

第一章　ドイツ人はなぜ「日本嫌い」なのか

ドイツのメディアはなぜ日本を悪く書くのか

西尾　ここにたいへんに興味深い数字の比較がありますのでちょっと見てください。BBC（英国放送協会）の国際放送「ワールド・サービス」が二〇一四年に行った「日本に対する好感度」の世論調査の結果です（表Ｉ参照）。「日本が嫌いだ」という国は、中国がダントツで一位（90ポイント）。次いで韓国（79ポイント）。ここまではわかりますが、三番目が意外なことにドイツ（46ポイント）なのです。

逆に「日本が好き」というのは上のほうから、ナイジェリア、インドネシア、ブラジル、

表Ⅰ　日本に対する好感度

Results of 2014 BBC World Service poll. Views of Japan's influence by county Sorted by Pos-Neg				
Country polled	Positive	Negative	Neutral	Pos-Neg
China	5	90	5	-85
South Korea	15	79	6	-64
Gemany	28	46	26	-18
India	27	29	44	-2
Mecico	38	25	37	13
Spain	46	30	24	16
Kenya	45	26	29	19
Turkey	40	18	42	22
France	58	34	8	24
Pakistan	46	21	33	25
Argentina	43	16	41	27
Canada	58	30	12	28
Israel	43	12	45	31
Australia	59	26	15	33
Russia	49	12	39	37
Ghana	59	21	20	38
Peru	59	19	22	40
United Kingdom	65	24	11	41
United Stares	66	23	11	43
Japan	50	6	44	44
Brazil	70	19	11	51
Indonesia	70	14	16	56
Nigeria	72	13	15	59

Positive：日本は良い影響を与える国だと思っている割合
Negative：日本が悪い影響をもたらす国だと思っている割合
Neutral：中立
Pos-Neg：良い影響から悪い影響の割合を差し引いた数値。

出所：BBCワールド・サービス

アメリカ、イギリス、ペルーといったところです（ポイントは省略）。フランスやトルコ、カナダは「好きでもなく嫌いでもない」といったところです。

川口　中国と韓国、それにドイツでしょう。その共通点は、メディアが日本のことを悪く報道している国だということです。ドイツのメディアも日本に関してはかなりの悪意をもって報道していますから、そういう結果になるのだと思います。

西尾　それはなぜでしょう？　ドイツが日本を悪く報道する心理的根拠はなんであるのか？　川口さんのご意見をおうかがいしたい。

いまドイツに対する関心は日本人のあいだでも低くなっているのは事実ですけれども、でもドイツの悪口はいいません。それどころか、「ドイツはりっぱな国で、経済大国であり、音楽と哲学と医学と職人の国である」と思っています。さらにいえば、「質実剛健で、ベンツが代表する国」といったふうに、むしろ尊敬のまなざしをもって見ています。関心が薄くなっているのは事実だとしても、好感度は高い。だから、日本のメディアがドイツの悪口を書き立てることはほとんどありません。

むしろ、ドイツを〝盾〟にとって、自国に関する例の謝罪の仕方を見習え式の〝自虐史観〟を述べ立てるのが日本のマスコミの常套手段じゃないでしょうか。

ところが、ドイツのメディアは日本の悪口を書き立てるとおっしゃる。それはどうしてなのか？　まあ、私は私なりの答えをもっておりますが……。

川口　先生、おっしゃってくださいませんか？

西尾　日本に〝犯罪の同伴者〟でいてほしいという心理があるからではないでしょうか。これがいちばん大きい。ここで〝犯罪〟というのは、もちろんヒトラーのユダヤ人絶滅計画（ホロコースト）に代表されるナチス・ドイツの戦争犯罪です。日本をそうした〝犯罪の同行者〟に仕立てたいという彼らドイツ人のうしろ暗い心理が働いているからだと思います。

ナチス・ドイツの計画表では――ユダヤ人とジプシー（最近は「ロマ」と呼称している）を絶滅させたら、次はポーランド人、ウクライナ人……という順序で次々に民族を消し去ることになっていました。じつに

おぞましいプランです。しかも、当時の成年男子の二人に一人はナチスの協力者だったといいますから、そうした〝歴史の大罪〟はとてもドイツ人だけでは背負いきれない。そこで、とんでもない言いがかり誤認ですが、なんとしてでも日本も〝犯罪の同伴者〟につなぎ止めておきたいのだと思います。

二番目の理由としては、イギリス、フランス以下の他の欧米諸国はアジアに向かって植民地を拡大してきた歴史をもっているのに対し、ドイツはそうした植民地獲得競争に立ち遅れていた。そのため、アジアのことをあまりよく知らない。その状態がいまだに続いているという側面もあるのではないでしょうか。

イギリスやフランスのほうがまだ日本のことをよく知っています。さらによく知っているのはアメリカです。アメリカは太平洋をはさんで直接、日本とかかわりをもち、お互いに戦い、加害者であると同時に被害者でもあったからです。そして占領を通じて日本のことにいっそう通暁するようになった。それに較べれば、ドイツは日本に関して無知に近いといっていいでしょう。

もう一つ言えるのは、八〇年代に経済大国の看板を追い抜かれたことです。兄貴だと思っていたのに弟分にやられた。口惜しい。これが案外にも根源かもしれない。

この三点から、ドイツのメディアは日本ときくとなんでもネガティブになる。

おまけに――これは後の章で詳しくお話しいたしますが――「同じように悪いことをしたけれど、謝罪したわが国ドイツに較べ、近隣諸国にきちんとした対応をしていない日本はもっと悪い」と中国や韓国と同じように考えている節もあります。

ドイツ人がよくいわれるそうした動機をもっているのかどうかよくわからないのですが、そうした動機に似たものが一貫してあるのも事実ではないでしょうか。だから、深く考えもしないし、反省もしないで日本のことを悪くいう。それがドイツのマスメディアではないか。違いますか？

川口さんが見るところ、ドイツのメディアが日本に対して意地悪な理由はなんでしょうか。

「フランクフルター・アルゲマイネ」特派員に見るドイツの「反日」

川口　先生がドイツに留学していらっしゃった一九六〇年代はどうだったか知りませんけれど、八〇年代、私がドイツへ行ったころは、経済面で日本がドイツを追い上げ、そして完璧にドイツを抜き去った時期でした。日本のクルマがたくさん売れて、カメラも音響製品も、すごくいい製品がたくさん登場していました。そのせいで、ドイツ人たちは腹を立て、当時はそれが〝日本叩き〟の原因になっていたように思います。

いまの〝日本叩き〟にもそうした傾向は見られます。日本とドイツは経済面でライバル関係にありますし、工作機械とか医療機器、クルマといった具合に、競合するものを多くつくっていますから、目障りだと。

ただし、いま起こっている「日本嫌い」というのはきわめて複雑で、一言では言い切れないところがあります。

去年（二〇一四年）、私がショックだったのは、四月三十日に安倍晋三首相がベルリンへいらっしゃってメルケル首相と会談したとき、国営の第1テレビも第2テレビも、夜のメイン・ニュースでそれをいっさい取り上げなかったことです。韓国の朴槿恵（パククネ）大統領がドイツを訪れたときも夜のメイン・ニュースは取り上げなかったので、「ああ、日本も韓国と同じ扱いなのか」と、かなり落ち込んでしまいました。

また、「日本は悪い」と、叩くジャーナリストがたくさんいます。心底そう信じて書いているジャーナリストもいるのでしょうが、私の感じでは、そうではなくて意図的にやっているジャーナリストもたくさんいます。

日本を叩く記者たちは、中国や韓国の主張をそのまま書くわけです。南京問題にしろ、慰安婦問題にしろ、尖閣諸島の問題にしろ、現在起こっている問題に関しては、十年近く前から、中国および韓国の言い分だけを報道しています。彼らは実際に日本の言い分を知らないのか、それとも知っていて書かないのか、そこのところはわかりませんが、日本政府が「日本の主張」を表明しても取り上げません。それでいながら、なにかを匂わせるような書き方をするからいやらしいのです。

安倍首相は、ものすごく叩かれています。ロシアのプーチン大統領、トルコのエルドアン大統領、それからイランの前の大統領アフマディネジャードと同列に並べて、安倍首相が反民主主義であるかのように書きます。それどころか、〝極右〟と決めつけるメディアもある。

具体的にどんなふうに書いているかというと——「安倍首相というのは国家主義的な思想の持ち主であり、報道の自由を圧迫し、第二次世界大戦中の日本の蛮行を否定している」と。その後で最後の一言として「中国と韓国はそんな日本に対して強く謝罪を求めている」と書くわけです。それで、オシマイ。日本の言い分なんて取り上げません。

そんな記事を読まされたドイツ人は、「日本のアベという首相はとんでもないヤツだ」と思うに決まっています。長年メディアが偏った報道を流し続けてきたため、ドイツ人の「日本嫌い」は加速する一方です。

それに輪をかけてひどいのが日本にいるドイツの新聞の特派員です。あることないこと、日本の悪口でいっぱいの原稿を本国に送り続けています。

西尾　「フランクフルター・アルゲマイネ」も「南ドイツ新聞」も、みな、ひどいでしょう？

川口　とくにひどかったのは「フランクフルター・アルゲマイネ」。今年（二〇一五年）の春にドイツへ戻ったカーステン・ゲルミスという特派員なんて、とにかく日本を中傷するような記事ばかりドイツに送った。朝日新聞が慰安婦の訂正記事を出したことに関しては、たとえば次のような調子です。

安倍政権の閣僚たちは朝日新聞のこの誤報問題を、政府に批判的なリベラルな新聞に効果的な一撃を加えるために利用しただけではなく、慰安所で若い女性たちに性暴力を加えた事実そのものを否定するために利用しようとしている。ドイツの閣僚が、のちに嘘だと判明した一つの証言のためにホロコーストそのものがなかったと主張することなど考えられるだろうか！　まさにそれと同じことを日本の右翼、歴史修正主義者たちはしているのである。彼らは日本軍の関与を証明する記録はないと主張し、多数の韓国・朝鮮の女性たちの証言を「信頼できない」として無視している。拉致された女性たちの中には15―6歳の少女たちも多数含まれていた。

見兼ねた外務省が抗議したようです。そうしたら、五年の任期を終えて帰国するに当たって、ゲルミス記者は「外国特派員協会」の会報誌に反撃の手記を載せました。特派員協会が翻訳を公開していますので、その一部を引いておきます。

5年前にはあり得なかった新しいことといえば、外務省からの攻撃に曝されるようになったことだ。私が直接攻撃されるばかりでなく、ドイツ本国の新聞本社の編集部への攻撃もあった。私が安倍政権の歴史修正主義に関して批判的に書いた記事が掲載されると、フランクフルトの日本総領事が、新聞本社の外交担当のデスクを訪ねてきて、「東京」からの異議を伝えた。中国がこの記事を反日プロパガンダに利用していると抗議したのだ。

事はさらに悪くなった。冷え切った90分間の会談の終わりに、デスクは記事が間違えているという事実を証明する情報を総領事に求めたが、それは無駄に終わった。「金が絡んでいると疑わざるを得ない」と外交官は言った。

フランクフルトの総領事館の外交官が、「金が絡んでいると疑わざるを得ない」と、面と向かって発言するなんて、いくらなんでも信じがたいじゃないですか。この手記の全文を読んでみると、ゲルミスはあの鳩山由紀夫、菅直人……といった民主党の首脳たちについては、べた褒めしています。《民主党政権時、私の取材した鳩山・菅・野田（佳彦）歴代三内閣はみな海外メディアに政策を理解してもらおうという姿勢があった。「国を運営していくためにもっと頑張らなくてはならない」と口を揃えて言っていたことを覚えている》なんて書いています。

鳩山・菅といったら、「国を運営」するどころか「国をだめにした」コンビですよ。それを持ち上げて、安倍首相に関しては「歴史修正主義者」、つまり悪名高い「リビジョニスト」として批判する。

なお、つけくわえておくならば、朝日新聞の慰安婦報道の訂正に関しては、やはり大手の「南ドイツ新聞」（ジュートドイチェ・ツァイトゥング、Süddeutsche Zeitung）も、「首相対新聞」というタイトル、「日本の首相は批判的な朝日新聞を〝厄介払い〟するつもり」というサブタイトルで、まさにゲルミス氏と同じ論調で扱っていました。これでは、みな、反日になりますよ。

メルケルの発言を平気で曲解

川口　ついでに言うなら、今年の三月、メルケル首相が七年ぶりに訪日したときの、ゲルミス氏の書いた記事も、またひどかったのです。長くなりますが、一部、引用したいと思います。なお、先生はもちろんご存じですが、フランクフルター・アルゲマイネ紙というのは、ドイツの知的階級を読者層とする、れっきとした一流紙です。

それは、メルケル氏による「ドイツの授業」のようなものだった。日本に着いたばかりのドイツ首相は、大ホールに座り、リベラルな日刊新聞「朝日」の読者と学生たちの質問に答えた。首相の明確な言葉に対する期待は大きい。「朝日」は、日本で総攻撃に遭っている。なぜなら、既成の有力新聞のうちで唯一、安倍晋三首相の試みを批判したからだ。安倍の試みとは、第二次世界大戦中の歴史に国家主義的な新解釈を施し、日本軍の残虐行為を否定するというものである。

あるいは、

すでにこの舞台の選択（朝日新聞という舞台・川口注）は政治的シグナルで、日本の外務省は快く思っていない。「よりによって、あそこでやる必要があるのか」とビクビクして問い合わせてきたということだ。しかし、メルケルの登壇は東アジアの国々にとって重要だ。日本では公にされていないため、安倍新政権の歴史修正主義が、日本をいかに国際的に孤立させているかということを、国民はほとんど知らない。

と、書いてもいます。

メルケル首相は、しかし、この席上、朝日の首席編集者から発せられた、「ドイツの戦争の過去の克服から、日本はなにを学ぶことができるか」という質問に対しても、非常に外交的に答えています。ドイツの首脳として、日本人に助言はできないと言っているのです。

ところが、ゲルミス氏の手にかかると、この部分が、

「（ドイツでは・川口注）事実を率直にいうことに対する十分な心の準備があるというメルケル首相の言葉を、（日本の・川口注）安倍批判者たちはありがたく受け取った」となるの

です。

それは、そのあと首相官邸で行われた安倍首相との共同記者会見についての記述でもそうでした。時事通信社の記者が、「現在、日本は中国それから韓国とのあいだで、歴史認識などをめぐりまして対立点も残っております。ドイツの御経験、御教訓に照らして、日本が今後、中国や韓国とどのように関係を改善していったらいいのでしょうか（首相官邸ホームページの記録よりそのまま引用）」という質問をすると、メルケル首相は、

「私は、日本に対して、アドバイスを申し上げるために参ったわけではありません。私には、戦後、ドイツがなにをしたかということについて、お話しすることしかできません。戦後、ドイツではどのように過去の総括を行うのか、どのように恐ろしい所業に対応するのかについて、非常につっこんだ議論が行われてきました。ナチスとホロコーストは、われわれが担わなければならない重い罪です。その意味で、この過去の総括というのは、やはり和解のための前提の一部分でした。一方で、和解には二つの側面があります。ドイツの場合は、たとえばフランスが、第二次世界大戦後、ドイツに歩み寄る用意がありました。ですからEUがあるわけです。今日、EUがあるのは、こうした和解の仕事があったからですが、その背景として、ヨーロッパの人々は、数百年にわたって戦争を経験した後、一つになることを求めたという事実があります。ほんとうに幸運なことに、われわれは、こ

うした統合を行うことができ、安定した平和的秩序を得ることができました」

と言っている。

それについてゲルミス氏がどう書いたかというと、「(質問を聞いたとき・川口注)それまで〝アンゲラ〟と呼びかけて明らかにリラックスしていた安倍の顔が、一瞬、強張った。日本のジャーナリストの質問が、気に入らなかったのだ」と。安倍首相は、これしきのことで動揺などしませんよ。

西尾 顔が引きつったとか、表情がこわばったとか、そんなのは見方によります。顔色なんてわかりません。それは記者の勝手な観察ですから。それにしても、ゲルミスっていう特派員はいいやらしいね。

日本嫌いのインテリたち

西尾 その話を別の面から続ければ、私は、日本にいる反日的ドイツ人が集まっている場、たとえば「ドイツ東洋文化研究協会」(OAG)などに昔よく出かけたものです。そういう場に集まって来る日本人の知識人もある種の反日的な人たちばかりでした。
ドイツに顔を売ろうとする日本の知識人、そしてドイツ側が歓迎する日本の知識人というのは型が決まっていました。実名を挙げれば、小田実(おだまこと)、加藤周一、大江健三郎です。ドイツのメディアは彼らが大好きで、彼らを神様のように持ち上げてきました。小田や加藤、大江といった人たちの考え方は大方の日本の世論と完全にズレているし、彼らが単純思考の軽薄左翼であると今日は相場がきまっているでしょうが、それにもかかわらず、ドイツ・メディアの記者たちにはそうした認識がないから、彼らを日本の知性の代表だと言わんばかりにして、小田や加藤や大江らの欺瞞（ぎまん）に充ちた正義派の反日的コメントを紹介し続けてきたわけです。

川口　私の長女は「ベルリン自由大学」で日本学を勉強しましたが、授業内容を小耳にはさむと、ときに、やはりそういう空気は感じましたね。あるとき、教材に使われたのが、在日韓国人二世の政治学者・姜尚中（カンサンジュン）氏のエッセイでした。短いものだったので読んでみましたら、彼のお母さんのことが書かれていました。――日本で暮らすお母さんは、昔、ときどき憑（つ）かれたように大きな声を出して歌い、踊った。それはきっと日本であまりにも辛い思いをしたからだろうと、そんな内容の話でした。なぜ、そんな教材を使うのでしょう。エッセイなら、もっとほかにいいものがあるでしょう。

そこで娘に、「当時の韓国は、本当に貧乏だった。韓国の多くの人たちは、悲惨な生活を逃れるために日本に来たのであって、みなが強制的に連れて来られたわけではない」と説明しました。すると、娘がそれを学校でしゃべったらしい。先生は「あ、これは母親の意見だな」と思ったはずです（笑）。

西尾　教授というのは日本人？

川口　両方です。これは他の日本人から聞いた話ですが、ドイツ人の学生から、「先生はどうしてご自分の国がそんなに嫌いなんですか？」という質問を受けた日本人の教授もいらしたそうです。ドイツ人が不思議に思うほど、反日だったようです。私は、ドイツの良いところは認めますが、でも、それと反日とは別でしょう。

西尾　それは、私にはよくわかります。日本でドイツに関連している知識人の世界、その代表は「ドイツ文学会」ですが、お話のような人があちこちにいました。

私の若いころ、日本人のドイツ好きと日本に来るドイツ人の多くはきまりきった進歩的な「常套句」（クリシェー）にひっかかっていました。彼らは元大統領のヴァイツゼッカーを〝聖者〟のごとく崇め奉っていました。私は腹を立てて、「ヴァイツゼッカーは政治家であって、けっして聖者ではない」と書いたことがあります。「あの有名な演説（「荒れ野の40年」）のなかで彼は謝罪などしていない。それのみならず、彼はドイツ人の〝集団の罪〟を否定している。〝罪〟とはどこまでも個人のものである、だから民族としての罪はないという逃げ口上を述べている。なぜ、それが見えないのか？」という趣旨の批判をしました。

それに続けて、こう書きました。原文どおりに引用すれば――《ドイツ民族がユダヤ民族に対して行った絶滅政策を真に反省し、清算するなら――道徳上の論理を突きつめるなら――ドイツ民族の絶滅を容認せざるを得ないであろう。その恐怖が、「集団の罪」は存在しない、という必死の自己防衛の言葉になって表われているのである》（「ヴァイツゼッカー前ドイツ大統領謝罪演説の欺瞞」）と。

川口　ドイツ人の「集団の罪」に目をつぶったヴァイツゼッカーのあの演説は、ドイツ人のあいだではバイブルのようになっています。終戦七十周年の今年、五月八日の終戦記念日にちなんで、ありとあらゆるところで引用されました。

西尾　それはわかりますが、なぜ日本のドイツ文学者までもがあの演説を持ち上げるのか？　いっせいにドイツ語教科書のテキストになったんですよ。それも何種類も。

川口　魔法にかかってしまったのでしょう。ドイツ人はあれで救われたわけですし、日本人は、これこそがドイツ人の良心だと感激した。そのうえ、あの演説は特にドイツ語で読むと、散文詩のように美しい。しかも内容がめちゃくちゃわかり易いから、ドイツ語のテキストには最適です。

相互に薄れる日本人とドイツ人の関心

川口　ドイツと日本の関係で、いつも私が思うのは日本人の〝片思い〟ということです。

日本人がドイツを思っているほど、ドイツ人は日本のことを気にかけていないように思います。

日本人はよく、ドイツ人から「今度はイタリア抜きで（戦争を）やろうよ」といわれたという話をします。戦後間もない時期、日本人がドイツへ行って、ビヤホールかどこかでそういわれたことがあるのかもしれません。ただ、そういう話があまりにも独り歩きしています。私はドイツに住んでもう三十年になりますが、一回もそんな話は耳にしたことがありません。その反対に、ドイツから日本へやって来た留学生がその話を何度も聞かされて辟易（へきえき）しているのは、当の留学生たちからよく聞かされました。そんなこともあって、ドイツに対する日本人の思い入れは〝片思い〟なんだなと。残念ながら……。

明治時代、日本人が最初にドイツへ行ったときはまだ、「鉄血宰相」といわれたビスマルクがドイツを統一したばかりの時期でした（ドイツ帝国の成立は一八七一年）。日本も明治維新を迎えた時期ですから（明治維新は一八六八年）、政治家や官僚、いろんな人たちがドイツへ渡っています。そしてビスマルクと会見したら、ビスマルクは「自分たちも国ができたばかりで大国に挟まれてがんばらなければならない。あなたがたの日本もがんばりなさい」といったという話がありますが、その話もまた〝独り歩き〟しているエピソードなのかもしれません。

とにかく戦前までは、ドイツに対する日本人の関心はものすごく高くて、それがまだ引き続いているのだと思いますが、いつの間にかドイツ人のほうは日本に対して興味を失ってしまった。それどころか、最近はもう中国にばかり関心を寄せています。ドイツはそんな状況です。

二〇一一年からは、ドイツと中国のあいだで「二国間政府サミット」が定期的に開催されるようになりました。首脳同士、閣僚同士の会談はもちろんのこと、さまざまな事務レベルの協議も行われています。同時に、その裏では産業界の大物たちが政府のサポートを受けながら大型契約の交渉に熱中するという構図も広がっています。

西尾　ヨーロッパで東洋人を見かけると、フランスでは「ベトナム人か？」と訊かれ、イギリスへ行けば「チャイニーズか？」と訊かれます。私が一九六五年から六七年にかけて留学したときのドイツでは、いつも「ヤパーナァ（日本人）か？」と訊かれました。そして、「コンニチハ」とか「サヨナラ」といわれたものですが、いまは東洋人を見かけると「ニーハオ」と声をかけるというんでしょう？

川口　ええ、最近はそれくらい大勢、中国人がドイツへ行っています。

たとえば、いまドイツの音楽大学へ行くと、学生はほとんどアジア人です。いちばん多いのが韓国人。もちろん中国人もいますし、東南アジアの人もいます。音楽の分野はアジア人ないし外国人に席捲（せっけん）されかけています。

「ベルリン・フィルの金管というのは「きわめてドイツ的な響きである」といわれてきたわけですが、いまはほとんど全員が外国人のようです。ベルリン・フィル全体を見わたしても、ドイツ人は少ない。弦楽器でも、ドイツ人は半分もいないでしょう。指揮者はいまはイギリス人、前任者はイタリア人、次はロシア人になる予定です。

問題はそうした現象を危機と感じるかどうかです。

私のいちばん下の娘（三女）は、いまは違うことを勉強していますけれど、以前は音楽をやっていましたので、当時の音楽仲間とときどき会うことがある。そのなかの一人が、「自分のオーケストラのメンバーの半分以上が外国人だ」といっていたというような話を家でしていたとき、その場に居合わせた次女が「エッ、どうしてみんな外国人になったらいけないの？」と言ったので、ちょっとびっくりしました。おそらく若い人たちはもう、ドイツ人と外国人をそれほど区別していなくて、ドイツ的なものの喪失なども感じないのでしょうね。日本のお相撲もそうかもしれません。

西尾　先ほどの伝説の〝独り歩き〟というお話に戻りますと、そういうことはいつの時代にもあります。

ドイツを神格化する日本側の伝説としては――占領後、教育改革をしてアメリカ式教育システムに変えてしまった日本と、頑としてアメリカ式教育システムを拒絶してみずからの伝統教育を守ったドイツ、というテーマがあります。それが一種の伝説になっていますけれども、あれは真っ赤なウソです。

どこがウソかというと、ドイツは六〇年代になってから、戦争直後に教育改革をしなかったことが大問題になって「これでは日本に負ける」といって大騒ぎになったんです。そこで「教育制度を変えなくてはいけない」、いいかえると「伝統的な教育制度はだめだ」という意見が強まりました。そして実際にも教育改革をしたわけですが、それが全然うまくいかなかった。そうしてドイツの教育は地に落ちてしまったのです。

私が『日本の教育　ドイツの教育』（国書刊行会『西尾幹二全集』第8巻所収）を書いたのは一九八二年ですが、あのころはまだドイツの教育は理想的なモデルとされていました。しかし、いまはモデルどころではない。そんな現実があります。

もう一つ付け加えておきますと、ドイツ礼賛のそのような日本においてさえもいま、ドイツは忘れられつつあるように思います。しかも、それは急速に進んでいる。

ご承知のように、私はドイツ文学の出身ですから身に沁みてそれを感じます。私が留学した時期、ドイツは戦後日本のモデルであり、輝かしい国家でもあって、ドイツ文化・ドイツ哲学・ドイツ音楽は世界に冠たるものだと信じられていました。ドイツに関する本もよく売れた。

川口さんも九三年に『ドイツからの報告』（草思社）をお書きになっています。しかし、最近はまっすぐの球では有効ではないので、『サービスできないドイツ人、主張できない日本人』（二〇一一年、草思社）とか、『住んでみたドイツ 8勝2敗で日本の勝ち』（一三年、講談社＋α新書）といった変化球を投げていらっしゃる。いいかえると、ドイツ文化を高く評価するかたちでの「日本とドイツ」論は、いまはなかなか本になりません。それくらい日本国内におけるドイツの評価は下がっています。ドイツに対する日本人の関心もどんどん薄れている。ヨーロッパそのものに対して関心を失いつつある、といってもいいでしょう。

それは日本人がヨーロッパを「脅威」と感じなくなったからです。文化的脅威とすら感じなくなった。これは複雑な問題で、私はけっしていいことだとは思っていませんが、しかし現実はそうなっています。

いまや日本はみずからモデルとすべき文化がなくってしまったのです。アメリカ文化ももうモデルとはなりえない。という意味では、日本は〝孤独な界域〟に入ったといえます。それはいいことでもあるわけですが、モデルがもはや自己の〝外〟に存在しないということはしっかり自覚される必要がある。ドイツへの関心が薄れていること自体はそんなに困ったことではない。

〝自虐史観〟の具として利用される謝罪問題

西尾　ではなぜ、戦争や謝罪という問題になると、すぐさま「ドイツと日本」という比較文化論的なテーマが浮上するのかといえば、それは、日本の左翼メディアが自国を叩くために必ずといっていいほどドイツを引き合いに出すと便利だからです。〝自虐史観〟を展開するためにはドイツを利用するのが、都合がいい。「ドイツの謝罪はみごとに成功している」「ドイツは戦後補償を完成させた」「それに引き換え日本は……」「日本はドイツを見習わなくてはいけない」と、そういう単純なもの言いがわかり易くて役に立つからで、日本を叩くのが目的で、ドイツを誉めるのが目的ではない。

川口　ドイツはいま、中国、韓国と、そして日本の左翼が謝罪問題を利用して日本政府を責め立てようとしていることに感づいています。ですから、ドイツ政府はどこにも利用されることのないよう、十分に警戒しています。

先ほども申し上げましたが、メルケル首相は先日だって、「日本は謝罪していないじゃないか」なんていうことは一言もいっていません。謝罪問題に関しては「ドイツが隣国とうまくいっているのは隣国の気持ちのおかげです」といった。正確にいえば――《私たちドイツ人は、ヨーロッパへ、世界へ苦しみを広げたのが私たちの国であったにもかかわらず、私たちに対して和解の手が差しのべられたことをけっして忘れません。まだ若いドイツ連邦共和国に対して多くの信頼が寄せられたことは私たちの幸運でした。それがあったからこそ、ドイツは国際社会への道のりを開くことができたのです》と。いい隣国に恵まれたから助かったのだ、と謙虚に述べるだけでした。

西尾　その点、日本は隣国に恵まれない（笑）。

川口　それなのに、日本のメディアはそうした発言をまったく報じません。逆に、「メルケル首相は日本にお灸をすえにやって来た」みたいなことを書く。

メルケル首相はメディアのそうしたやり方に気がついていますから、去年の三月、ドイツを訪れた習近平（中国主席）が「ユダヤ人大量虐殺（ホロコースト）の記念施設をいっしょに視察したい」と打診してきたとき断っています。もし習近平主席といっしょに行けば――「ドイツのメルケル首相は自国のユダヤ人大量虐殺を直視しているのに、日本の安倍は南京大虐殺から目を逸らすどころか、それを否定しようとしている」と、中国側は世界に向かって大声で叫んだことでしょう。それがわかっているから、メルケル首相はその申し出を断ったのです。中国側の〝日本叩き〟に利用されたくないという意思の表われだと思います。

西尾　民主党代表の岡田克也がメルケル首相と会談したとき（三月十日）、「メルケル首相から『日韓関係は和解が重要だ』という発言があった」と、コメントしました。するとその後、ドイツ政府は「そんな事実はない」と否定しました。それを受けて、菅義偉（すがよしひで）官房長官も十三日の記者会見で、ドイツ政府から「メルケル首相が岡田氏との会談で過去の問題について日本政府がどうこうすべきだというような発言をした事実はない」との指摘を受けたことを明らかにしています。

川口さんが指摘されたメルケル首相の用心深さからすれば、彼女が日本の野党の代表に会って「日韓関係は和解が重要だ」なんていうはずがありません。そんな不用意な外国干渉をするはずがない。あの一件は明らかに岡田代表の作為の表われだと見るべきでしょう。

変質するドイツ文化

川口　先生がおっしゃった、日本人のほうもドイツに興味をもたなくなったという話題に戻りますと、それはたしかにそのとおりだと思います。

ただし、私はその傾向は変わると思います。というのも、いまEU（欧州共同体）はギリシャの財政問題やテロ、難民到来といった難題を抱えて世界中の注目を集めていますけど、そのEUを牽引（けんいん）しているのがドイツだからです。必然的にドイツは注目されるようになると思います。

　このあいだまでは「ドイツの首相は女の人だったっけ？」といっていた日本人も多かったのですが、いまは「メルケル」という名前はみんな知っています。ですから、これからはちょっと変わってくるかな、と思っています。

　ただ、文化面でドイツが日本のお手本ではなくなったというお話はそのとおりだと思います。ドイツのなかでも、文化というものが変質してきています。音楽でいえば、バッハとかベートーヴェンとか、そうしたクラシックを聴く人は、若い人のあいだではとても減っています。絵画にしても、美術展を訪れる人はたくさんいますけど、主流としてはもっと新しい絵画だとか、現在つくられている音楽だとか、ＩＴの芸術だとか、そういうものに関心が向いています。日本人がイメージする「ドイツ」というものはドイツのなかでもなくなりかけているような感じがします。

西尾　日本の場合はそんなことはありません。

川口　ドイツでクラシックコンサートに来るのは、音大の学生以外は、ほとんどが年配の人たちです。それもかなり年配の人たち。だいたいいまの六十代がすでにビートルズやローリング・ストーンズの世代なのですから。いまのドイツの若い人たちのなかには、クラシックなど聴いたこともないという人は大勢いると思います。

西尾　テレビやラジオでクラシックを流しませんか？

川口　流しても、聴かないでしょう。テレビでコンサートを放送することはありますが、そうした番組も、興味がなければ見ない。

それと同じで、絵画展や音楽会にはまるで興味がないという人も多い。有名な画家の展覧会はあちこちでやっていて、それはそれで大入り満員で、みな、一所懸命にメモをとったりしています。

ただ、ドイツ人の趣味はいま、きわめて多様化していて、自分の興味の範囲というのが狭まっています。日本もそうだろうと思いますが、自分の得意分野ではなんでも知っているけれど、知らないことは知らないし興味も示さない。趣味の領域、あるいは教養の領域で、みんなが共通して知っているものがなくなっているような気がします。

西尾　そういう話は私もドイツ人から聞いています。

日本の場合はクラシックのコンサートを聴きに行くのは必ずしも老人だけではなく、若い人も大勢出かけます。西洋名画展といったものも、東京だけでなく、あちこちで開かれていて、大勢の人たちが熱心に見に行っています。いわゆる泰西名画展はいつでもどこかで開かれていて、広い層の美術ファンが押しかけるという状態です。ドイツ絵画というのはあまり見られませんが、先ごろはスイスのホドラーだけの展覧会が開催され、非常な人気を呼んでいました。絵が好きで、音楽が好きな人は日本にはたくさんいますから、ヨーロッパの音楽や絵画だけはまだまだ日本の一つのモデルになっています。

ところが、ドイツ文学は地に落ちている。私はドイツ語の教師でしたが、隆盛期の「独文学会」の会員は三五〇〇人ぐらいいました。ドイツ語やドイツ文学の教師の数でした。ところがいまは、おそらく一〇〇〇人ぐらいだろうと思います。文部科学省が大学教育の一般教養において「第二外国語を教えなくてもいい」と方針を変えたことが原因になっています。そのため、フランス語もドイツ語も、選択する学生が減ってしまった。それにひきかえ中国語を選択する学生は増えている。ただし、それは同じ漢字を使っているから勉強しなくても単位がもらえるだろうという程度の発想から増えているだけですから、実際は発音一つ覚えられないため、単位も取れない。そんな笑い話があります。

そうした流れの背景には「英語さえできればいいんだ」という考えがあります。日本ではこれまで医学部では必ずドイツ語を教え、カルテは必ずドイツ語で書いてきました。そもそも「カルテ」という言葉がドイツ語で、「カード」とは絶対にいいませんからね。それが普通だったのに、いまはドイツにおいてすら、医者がみなカルテを英語で書くようになってしまったという話を耳にしたこともあります。

そういえば、ドイツの新聞を読んでいると、新聞のドイツ語にもいわゆる「イーレン動詞」が増えています。イーレン動詞というのは外来語に由来する動詞のことで、一例を挙げれば、英語の〝study〟から〝studieren（シュトゥディーレン）〟という動詞が生まれている。そうした類の言葉です。

川口　ドイツの若い人たちが「すてき」というとき、いまはみんな「クール」といいますから、「クール」はもうドイツ語になってしまった感じです。

先生がドイツに留学されていたころや私がドイツに行ったころ、「ガイル」（geil）という言葉は「淫乱・好色・淫ら」といった意味でしたが、それがいまは若い人たちのあいだでは、日本語でいえば「すげーッ」っていう意味で使われています。私、最初はそれを知らなくて、子供たちが「ガイル、ガイル」と言うのを、不思議に思っていました。つまり、言葉の意味もまるで変わってきているわけです。それどころか、最近は「スーパー・ガイル」まで出てきた。

西尾　日本のテレビを見ていると、相当の教養を積んだはずの若い女性でも「すごーい」と「かわいい」の二語をもっぱら連発しています。冗談じゃないですよ（笑）。

「閉ざされた幸福」を「置き去りにされた不幸」に変えたドイツの教育改革

西尾　もっといわせていただけば、ドイツの民衆のレベルの低さ——これは日本人が知らなさすぎますね。ほんとうに彼らはものを知らない。

川口　それは、習わないからです。ドイツの教育は、知識としていろんなことを詰め込まないほうがいいと考えていますから、教えないんです。だから、知識の量は日本の学生のほうがよほど多いと思います。

日独では教育の目的が違っていて、日本の教育というのは新しい問題が出たとき、「こんな問題は知らない。どうやって解くのか、わからない」ということがないようにと、いろんな問題を教えて「あれにも対応できます、これにも対応できます」というふうにやっています。それが日本の教育だと思います。ところが、ドイツの教育というのは、わからない問題が出てくることを前提にしています。「さて、それをどこからどうやって解くのか」と、ゼロから解決法を考え出させる。それが教育の目的になっています。

そうした差がありますから、知識の量それ自体は日本の学生のほうが多いのは確かです。でも、それは先生のおっしゃるような「ドイツ民衆の程度の低さ」というのとは別の話ではないでしょうか。

西尾　簡単にいうと、ドイツの教育制度はエリートにとっては有益です。しかし、エリートとそうでない大衆との落差があまりにも大きすぎる。エリートに対しては、川口さんが説明されたように、考えることを求める。考え方を引き出すようにする。そういう教育法が生きていますから、秀れた人が大勢います。

私の体験談をお話ししますと、日本でいえば科学技術庁のようなところに関係しているドイツ人が日本にやって来て、私と話をしたいというので討論したことがありますが、いやあ、彼らのもっている文学や哲学に関する知識はじつに該博でした。そこで彼らに大学時代の専攻を訊いてみたら、みな、「工学部出身だ」という。それでもギリシャの古典や歴史の話がポンポン飛び出してくる。そんな会話は日本の財務省の官僚や技術系の友人なんかとはできません。

川口　そういう点では、ドイツのエリートはすごいですよ。

西尾　それに対して、一般大衆のレベルの低さにはすさまじいものがあります。

川口　そうそう、小数点以下の計算はできませんからね、普通の人は。

日本の場合は、義務教育というか、国民全体の学力の底辺のところは揃っているんです。私がいつもいっていることですが、「最低これくらいは……」という〝読み書きソロバン〟は日本人全員ができる。じつはそのことを、『なぜ日本人は、一瞬でおつりの計算ができるのか』（二〇一五年、PHP研究所）という本で、詳しく書きました。ところがドイツの場合は、その最低線のところに達していない人がけっこういるわけです。そこが問題なのです。

なぜかというと、昔の教育制度をそのまま残しているせいです。先ほどお話の出た教育の制度改革がうまくいかなかったのです。いまの世の中に合っていません。時代に合わない教育の犠牲になった子供たちがたくさんいて、それこそ義務教育もちゃんとなされないまま世の中に放り出される。そんなことがいまだに起こっていますから、レベルが低いということになってしまうわけです。

昔は職人になる人とか、お百姓さんになる人は別に高等教育は要りませんでした。でも、その人たちのための学校があり、職人になりたい子供はそこへ行き、立派な職人になったわけです。そうした人たちの学校がいまも残っていて、言葉があまりできない外国人の子弟とか、家庭からのフォローがないような、落ちこぼれた子供たちの〝受け入れ場〟になっています。

西尾 私がかつてドイツの教育を一つの理想としていたのは、ドイツ国民は職人には職人の道を歩ませよう、知識人には知識人の道を歩ませればいいと、相互に無関係であることに誇りをもち、自分たちの位置をしっかり固めていたと考えられてたからです。自虐や劣等感に歪（ゆが）められずに、いわば「閉ざされた幸福」をつくり出していた。そうしたドイツの教育システムはすばらしいと感じながら、私はあの国の教育を論じていました。

ところが、時代の大きな変化があって、そんなことではもうやっていけなくなってしまった。世界が情報化社会に移行し、変革のスピードは激しい。とりわけ、アメリカと日本が急激な勢いで走り出した。そういうなかでドイツは焦り始め、六〇年代に教育改革に手を染めたわけですが、結局、うまくいかなかったことはすでに指摘したとおりです。

そのうえ、いっそう悪いのは、ピラミッドの下の部分を切り捨ててしまったことです。「閉ざされた幸せ」ではなく「置き去りにされた不幸」が生まれてしまった。〝落ちこぼれ学校〟ができ、「レストシューレ」（残りの学校）というのですが、そこには外国人の子供たちが集まって行くため、教育レベルはますます沈下する。政策的に完全な失敗でした。

川口　いまは職人になろうという子供もいませんし、親がマイスターであっても、子供を昔どおりのやり方で跡継ぎにしようとは考えません。まず、せめて大学へ、と考える。

西尾　どの親も「大学へ行かせよう」と考えるようで、ひと昔前の日本と同じになっています。私がドイツの教育を論じたとき、いつの日にかドイツも必ずそうなるだろうと予言した記憶があります。

日本は戦後、アメリカの教育システムを全面的に受け入れ、ドイツよりも一足先にアメリカ型の教育の大衆化に踏み切りました。大衆化は日本の高度経済成長の前提として国際競争を有利に展開するのに役立ちました。その代わり、受験競争という災厄を招いてしまったわけですが。

教育の大衆化で日本のほうが先に走り出し、ドイツは日本の後から走り始めたわけですから、日本の教育の〝失敗〟はドイツの教育のモデルになるはずだと書きました。「ドイツよ、日本の轍(てつ)を踏まないように」と忠告したわけです。ドイツの教育学者と面談したときも盛んにそう指摘しました。しかし、彼らは謙虚ではなかった。日本を先進のモデルとするそんな私の警告に耳を傾けようとしませんでした。

私がドイツの教育学者の研究室に行って図書室のカードを見たとき驚いたのは、「日本の教育」がトルコや中国と同じジャンルに分類されていたことです。当時、スウェーデンと日本は教育に関してある種の平行モデルだったにもかかわらず、スウェーデンなどの教育先進国と日本を比較して考えようとしていないことが一目でわかりました。ドイツ人の研究者たちは日本の教育事情を謙虚に受け止め、考えを詰めていこうとはしませんでした。ドイツにおける日本の教育の研究家は日本を一段低く見て、アジア人のどうでもいいような教育の一つとしか見ていなかったのです。そのころよく知られたドイツにおける唯一の日本の教育研究者がなんと日本語が読めないのです。奥さんが日本人なので彼女に読ませて日本の教育について研究したり書いたりしていたわけですから、日本研究のレベルは推して知るべしでした。アメリカの日本研究はそんな程度ではない。いまはドイツも相当に変化しただろうとは思っていますが。

第二章　戦後は日米が隣国であって日中は隣国ではない

ひたすら隣国に許しを乞うたドイツのサバイバル作戦

西尾　ここで一つ、新しい斬り口の考え方を提出してみたいと思います。

戦後のドイツにはどうしても頭が上がらない国々がありました。その筆頭はフランスです。さらにオランダにもベルギーにも頭が上がらなかった。ドイツが戦後、経済的に生き延びていくためには、そうした近隣諸国との貿易を回復させなければなりませんでしたが、幸いしたのは周囲の国々がみな購買力を有する先進国であったことです。地の利もあって、ドイツはいち早く貿易による経済復興の起点を摑むことができました。

一方、日本の場合は、ご承知のとおり中国大陸では国共内戦（蔣介石の国民党と毛沢東の共産党との内戦）が始まっていたし、朝鮮半島でも同様に朝鮮戦争（一九五〇年）が勃発(ぼっぱつ)するような状態でした。他のアジアの国々には購買力がまだありませんでした。そのため、日本が生存を維持し国力を回復していくにはアメリカのマーケットだけが頼りでした。われわれがアメリカに感謝しなければいけないのは、そのとき彼らがとてもオープンで寛大だったことです。日本に対して自国のマーケットを開いてくれたのは滅多にできることではなく、いかに余裕のあった当時のアメリカとはいえ、わが国の幸運でした。それによって日本経済は息を吹き返すことができたと思っていますから、アメリカが日本を救ってくれたことには感謝しています。私はけっして反米主義者ではありません。

アメリカはソ連との冷戦に勝つまで、そうした寛大な措置を取り続けてくれましたが、そんな構造の下では日本がアメリカのいうことをすべて聞かざるをえなくなったこともまた事実です。外交的にも政治的にも、また文化的にも追従せざるをえなかった。それがいまも続いている問題ですが、そのことはひとまず置いておきましょう。

日本におけるそのアメリカの位置に匹敵するのはドイツにおいてはフランスでした。ドイツは東ヨーロッパの国々を気にする必要はありませんでした。当時、東ヨーロッパは共産圏に組み入れられていて埒外(らちがい)だったからです。戦後すぐの時代の日本にとって、中国や韓国が埒外であったのと同様、ドイツにとって東欧諸国やソ連は埒外にありました。東欧やソ連は貿易の面でも対応する相手ではなかったということです。

したがって、ドイツは戦後のはじめフランスやベルギー、オランダといった近隣諸国に向かって必死になって謝罪を続けました。進んでみずからの罪を認め、ひたすら許しを乞い、近隣諸国からの批判をかわそうとしたわけです。それは一種の〝戦術〟でもあったわけですが、ドイツのそうした努力を、私は「マルクの忍耐」と名づけたことがあります。ドイツ・マルクが忍耐することによって、周辺の国々にドイツを受け入れてもらおうとしたという意味です。その必死の努力があったからこそ、今日(こんにち)、ＥＵが成立したといっても過言ではありません。

それだけに、ドイツ国内にはナショナリスティックなかたちでの憤懣(ふんまん)がわだかまっていたことも確かです。それでもドイツ・マルクは忍耐を続けました。

ここでもう一つ大事なポイントは――以上とは次元の違うテーマとなりますが――侵略戦争とはまったく別個のユダヤ人大虐殺に関しては、フランスもドイツと同罪であるという一面があります。なぜなら、フランスにもユダヤ人迫害の歴史があったからです。ファシズムもありました。げんに、ドイツに占領されたフランスは対独協力のヴィシー政権をつくっています。そのヴィシー政権が連合軍に打ち倒されたわけですから、フランスは実質的には〝敗戦国〟だったのです。それにもかかわらず、戦争が終わると戦勝国の側にすべり込めたのは、イギリスに亡命していたド・ゴール将軍が巧妙に立ち回ったおかげですが、スネに傷をもつという点ではフランスもドイツと似たようなものでした。また、ユダヤ人に対する犯罪という点では、スイスもバチカンの教皇庁も、東ヨーロッパ諸国もソ連も同罪です。東ヨーロッパの諸国をちょっと歩けば、そうしたことはすぐわかります。

したがって、ユダヤ人のホロコーストという問題に関して、ドイツはじつは腹の底では高を括っているのではないでしょうか。お前たちも同罪だからどうせ俺を責められないだろう、と。こちら（ドイツ）がひたすら頭を下げて謝ってさえいれば、フランス以下の国々はそれ以上もうなにもいえないということをよく知っていたということです。近隣諸国だって、ユダヤ人迫害についてはすねに傷をもつ身なのですから、どうせなにもいえまい。そういうことのうえに成り立っているのが「独仏和解」でした。

ところが近隣諸国に謝り続けたドイツですが、戦争それ自体については謝罪をしていません。これを日本人は気がついていない。ドイツの第二次世界大戦はもう弁解の余地のない侵略戦争でした。日本のように追い込まれてやった出撃ではなく、意図的であり攻撃的な侵略でした。しかし、その侵略戦争については、ドイツはいっさい謝罪していません。ヨーロッパの歴史はお互いに侵略の歴史でしたから謝罪する必要はないと考えています。

「侵略」などといい始めたら、フランスだって他の国だって、なにもいえなくなってしまいます。

繰り返しになりますが、それでもホロコーストに関しては謝罪せざるをえませんでした。あれは何百万人の虐殺であり、一つの民族を絶滅しようとした恐るべき蛮行でしたから、弁解の余地はない。ひたすら謝罪せざるをえなかった。

本来であれば、侵略戦争に関しても謝罪をしなければいけないのに、それはしていません。戦争は互いにあくまでも謝罪はしないというのがヨーロッパの流儀でした。

川口　一例を挙げますと、財政破綻の瀬戸際にあるギリシャ、それからじつはイタリアも、過去にこれまで何度か、第二次世界大戦中のドイツの戦争犯罪に対して戦時賠償を請求しようとしましたが、常に退けられました。

また、最近大きな話題になっているのは、ドイツがギリシャを占領していたとき、ギリシャから強制的に引き出した融資の問題です。当時のナチス・ドイツは「借金は戦後に返す」と約束したにもかかわらず、国が東西に分裂してしまったため返済していません。ギリシャの換算では、その金額は少なくとも一一〇億ユーロになるそうです。でもドイツは、「金融問題で困ったからといって、いまごろ昔の話を持ち出すとは……」と、ちょっとばかにしています。

先生もおっしゃっているように、ドイツ政府はこれまでホロコースト以外の戦時賠償はしていません。イスラエルに対する賠償はいわゆる戦争犯罪への賠償ではなく、ユダヤ人虐殺、つまりニュルンベルク軍事裁判で「人道への罪」とされたホロコーストに対する賠償です。

いま、ドイツがギリシャから「戦時中の出来事に対して賠償金を払え」といわれている状況は日本のケースと同じように見えますが、決定的な相違点があります。つまり、ギリシャが問題にしているドイツの戦争犯罪は事実関係が証明されていて、ドイツも認めている。ところが、慰安婦の問題や南京問題は、事実関係があまりにも曖昧（あいまい）です。

一九四四年の夏、ＳＳ（ナチスの親衛隊）の選抜戦車師団はギリシャ中部のディストモという町で、ゲリラ攻撃に対する報復として赤ちゃんや老人をふくめた二一八人の市民を殺しています。ギリシャ国内でゲリラ戦を戦うのは、おそらくすごく困難で、ドイツ軍も必死だったに違いない。殺さなければ殺されると思ってやったはずです。

そこでギリシャ国内で裁判が行われ、二〇〇〇年にドイツに対して賠償金の支払いを命じる判決が出ました。ところがドイツ政府は欧州人種裁判所に提訴して、その判決を覆してしまったのです。イタリアも、やはり同じような裁判でドイツに負けました。イタリアは、最初、ドイツとともに戦っていたので、置いておくとしても、ギリシャは悔しいでしょう。

でも、ちょっと頭を切り替えれば、ひょっとすると、こちらのほうが常識的な判決かもしれません。いずれにしても、本当に賠償を受け取る権利があるように見えるギリシャでさえ、七十年たてばこうなるのですから、中国や韓国の主張は異常です。そして、日本の対応も、まさに特殊なものだと言わざるをえません。

韓国の日本攻撃は病的だ

西尾　おっしゃるとおりです。韓国の日本攻撃は単なるいいがかりであり、しかも性質（たち）の悪いいいがかりです。

つい先日、安倍総理がアメリカの議会で演説をしました（四月二十九日）。私は、あのスピーチは成功だったと思っていますが、成功・不成功はともかく、韓国の国会は「あの演説のなかに韓国に対する謝罪がなかった」といって、安倍演説を弾劾する決議案を二百三十七票の全会一致で可決しました（五月十二日）。考えるまでもなく、とてもヘンな話です。韓国から見て外国の首相が、韓国から見て外国の議会で、外国であるアメリカの国民に向かって話しかけているのに、どうして韓国に対する謝罪をいわなければならないのか。そんなばかなことがまかり通ったら、日本の首相はどこに行っても韓国に対して謝り続けなくてはならないじゃないですか。ドイツに行って演説しても、フランスに行って演説しても、いちいち韓国に対する謝罪の談話を発表しなければならないのか。まことにもってばかばかしいかぎりです。あれを見ていると、やっぱり韓国はほんとうにおかしくなっていて、一種の集団的鬱病に罹っているんじゃないかと思えてきます。

同じようなことは、その前の四月二十二日、インドネシアのジャカルタで開かれた「バンドン会議」（アジア・アフリカ会議）でもありました。安倍首相は六十周年記念首脳会議で第二次大戦の反省には言及しましたが、謝罪は伝えず、かえって「強い者が弱い者を力で揺さぶるのはけっしてあってはならない」と、中国を念頭に置いて「法の支配」の重要性を強調しました。

すると韓国はここでもまた、「バンドン会議は植民地解放、すなわちアジア・アフリカ諸国の独立のための会議である。そこになんで日本が出席するのか」といって、文句をつけてきました。

バンドン会議の関係国が、欧米の植民地支配からアジアを解放した日本の行動について認めているからこそ安倍首相を招いたわけですが、韓国はそれがまったく理解できないのです。韓国の相当の知識人でもそこがわからない。じつは、中韓以外のアジアの他の国々は日本の戦争を非難していないのです。謝罪などする必要もないと考えています。ところが韓国人は、アジア各国のそうした認識をまったく知らない。韓国人の頭のなかは「日本はアジア全体を侵略しまくって犯罪を拡大し続けた国だ」という恨（ハン）一色に塗り固められているからです。そんなことをいっているのは韓国あるいは中国だけで、他のアジア諸国はまったくそう考えていない、ということが理解できないのです。

それでも中国の場合はご都合主義で、いいかえれば、ある種の政治意図があって日本非難を続けているわけですから、自分の都合が悪くなれば引っ込めるでしょうが、韓国は心の底からそう思い込んでいる。そういう意味では、韓国は妄念にこり固った、病的な状態に陥っているというべきでしょう。

その後でもこんなことがありました。日本の教科書検定の結果を見て、韓国の一地方議会が全会一致で弾劾決議をしたのです。まるで韓国はまだ植民地統治下にあり、日本政府をみずからの政府と思っているかのごとく、地方議会が日本政府に抗議したのです。日本は別の国で他者だということがまるきりわかっていないのです。自分のやっていることがオカシイということがわかっていないのです。集団で認知症にかかっているみたいです。

アメリカは日本の対戦国でしたから、どちらかというと中韓の言い分に従う傾向が強いように思いますが、それも程度問題で、変わりつつあります。

日本のアジア解放という認識をいまのドイツ人はもっているでしょうか？　日本と中国

／韓国は特別な関係にあるから、インドやインドネシアなど、多くのアジア諸国は中韓とはまったく別の認識をもっている。そうした現実をわかっているのでしょうか？

川口 日本がアジア諸国を植民地から解放したという話がヨーロッパで語られるわけがありません。なぜなら、アジアを植民地にしていたのは当の自分たちなのですから。

歴史としては、先生がいわれたこととはまったく別の話としてドイツに伝わっています。つまり、列強がアジアを植民地にしていたことは事実であり、そこで残酷なことや不当なことをしたのも事実である。ドイツ国民は、そういうことは知っています。でも、それは日本軍も同様だったと思っていますから、「日本が欧米の植民地からアジアを解放した」という歴史認識は思ってもみないし、聞いたこともない。それがドイツ人一般の認識だと思います。

西尾 しかし、バンドン会議に出席したアジア・アフリカ諸国の首脳には「日本が欧米の植民地からアジアを解放した」とはっきりいう人もいるわけです。イギリスの教科書にもそういう記述があったのを覚えています。だから日本政府はそうした意見を集約して、一種の〝政治宣言〟を出していかなければならないと思います。あの戦争の認識の変更、ということです。日本政府がそれをいつまでたってもやらないところに問題があるんじゃないでしょうか。

川口　でも、それをやったら、安倍内閣はいまより非難されますよ。「軍国主義だ」とか、「歴史修正主義だ」とか、「侵略を正当化する」とか、さらに叩かれるに決まっています。

西尾　でも、叩かれてもそれを繰り返しやらないと日本は甦(よみがえ)らない。

川口　いくら叩かれても、イスラエルのようにそれを耐え抜く根性が日本にあればいいんですが、日本にはないと思います。それに、「そんなこと、どうでもいいじゃない」と思っている人も、大勢います。

西尾　それは少しずつでもやらなければだめです。アルメニア人問題でトルコがやっているでしょう。それをやらなければ、韓国のような国を沈黙させることはできません。少なくとも日本の戦争はドイツの戦争とは違うんだということを世界に向けて発信していかなきゃ。

川口　日本の戦争とドイツの戦争がまるで違ったのは確かです。

戦争が終わったあと、ドイツ人も日本人も「この戦争に負けてよかった」と思ってきました。でも、日本はアメリカの戦後教育によってそう吹き込まれただけですが、ドイツ人はナチスのホロコーストの実態を知って以来、心の底から「負けてよかった」と思ったのです。そういう人が大半だと思います。強制収容所でユダヤ人に対してなにが行われていたかを知ったことは、それほどの衝撃でした。だから、「あの時代が終わったのはよかった」

と思った。

その意味で、「負けてよかった」と思う背景がドイツと日本では全然違っています。

西尾　いまは「負けてよかった」と思う日本人はだんだん少なくなってきています。それというのも、「日本は依然として被占領状態にあるではないか」と感じている人が大勢いるからです。「アジアの国をたくさん解放したけれど、当の日本だけが解放されていないじゃないか」と、そんなアイロニカルなことを口にする人さえ出てきています。

日本にとっての中国・韓国は、ドイツにとってのロシア・ポーランドだ

西尾　そこで、それぞれの隣国に目を転じてみると、次のようなことがいえるように思います。

①日本にとっての中国は、ドイツにとってのロシアである。
②日本にとっての韓国は、ドイツにとってのポーランド、あるいはチェコである。
③ドイツにとってのフランスを筆頭とする近隣諸国は、日本にとってはアメリカである。

このあたりのアナロジーはおわかりいただけるかと思います。

③に関していえば、先ほども申し上げたように、アメリカに全部首根っこを押さえられながらも日米同盟を堅持している状況と、「マルクの忍耐」でEUを成立させ、フランス

に頭が上がらなかったドイツという具合に、その構図はとてもよく似ています。

現在、アメリカの国債を買い支えているのは日本です。中国はとうとう米国債の売りに転じました。米国債をいちばん多く保有している国は、一時期は中国でしたが、いまはわが国です。日本はアメリカとの関係で売ることができないから、いつまでも持ち続け、さらに買い足している……という面もありますが、いずれにしろ、日本がいまなおアメリカ経済を後ろから支えているのは紛れもない事実です。

あえて繰り返せば、ドイツにとってのフランスは、日本にとってはアメリカである。そして、そのアメリカと日本は最大限の和解を果たしています。独仏関係以上の和解に達しているといってもいいすぎではありません。だから日本にとって「隣国問題」は終わっているのです。

では、なぜ日米はそこまで和解できたのかといえば――その最大の理由は、日本国民がアメリカの投下した原子爆弾を忍耐したからです。広島および長崎への原爆投下について、沈黙し続けました。文句一ついいませんでした。ひょっとすると、日本人は原爆投下によって魂を抜かれてしまったのかもしれませんが、しかし、じっと日本人が忍耐したのは事実だし、これからもこの問題を蒸し返すことはないでしょう。

そうした日本の忍耐はアメリカも十分に意識しています。原爆投下についてアメリカはある種の不安、〝罪〟の意識をもっているに違いありません。心の底のどこかでは、いつか日本に復讐されるのではないか……という怖れも抱いているかもしれません。そのため、アメリカは日本の核保有を絶対に認めようとしません。よって、核兵器に関して日本は手足を縛られているのも同然です。それでも日本は忍耐しています。日本はアメリカにうるさいことはいわない。アメリカは近年ますますそういうことを意識するようになっています。これが日本の防衛問題に微妙に変化を与えると思います。そしてそれが日本にとってプラスになるのかマイナスになるのか……。

川口　いまのお話はよくわかります。

また、②の日本と韓国の関係はドイツとポーランドの関係に似ているというのは、私も昔からそう感じてきました。韓国の人たちの「もっと謝れ、もっと謝れ」という感情は、ポーランドの人たちの「自分たちは永遠に犠牲者だ」という怨みにとてもよく似ているからです。

ただ、対応の仕方となると、両国ではかなり違います。

韓国は首脳が前面に立って、日本に向かって「謝れ、謝れ。お金をよこせ」と要求してきます。歴代の首脳がそうしてきました。一部の韓国民は「そんなの、もうどうでもいいよ」と思っているかもしれないのに、大統領が国民の襟首を引っ張ってまで、国策として

「われわれは犠牲者だ、犠牲者だ」とたたみかけてくるわけです。

ポーランドの場合はかなり違います。実際ドイツ人に親や親戚を殺された人が大勢いますから、国民のあいだにはドイツに対する不信感や憎しみがあります。一方、じつはこれは封印されていることですが、戦後、ポーランド領となった地域に残されたドイツ人たちも、強制収容所に入れられて、拷問されたり、殺されたりと、それはひどいことをされたという事実があるのです。子供も女性も、ただドイツ人だという理由で虐待されて、殺された。看守にユダヤ人を持ってきたというのですからすさまじかった。

しかし、それについてドイツはいっさいなにも言わないし、ポーランドは、ドイツが知っていながらなにも言わないことを知っている。これは怖い話です。だからこそ、ポーランド政府が「自分たちは犠牲者だ、賠償せよ」と、あからさまにいうことは絶対にありません。といっても、なにも要求しないわけではなく、国民の対独感情やドイツ人の罪の意識を上手に利用してドイツとの外交を進めています。そのあたりがすごいです。政治家の外交交渉で両国を比較すると文化の違いというより、外交能力の違いを感じます。

ですから、ドイツの政治家は頻繁にポーランドの各所を回っています。世界はポーランドの味方だということを知っているので、強制収容所の解放記念日になると、大統領や首相が、あるいは外相とか外務省のトップとか、必ずだれかが出席して「たいへん遺憾であります。悪いことをしました」といって頭を下げています。そうした関係を維持することによって、ポーランドのほうは黙っていてもドイツからなにがしかの援助を手にできる。相互の関係も改善されていく。その意味で、ドイツとポーランドの関係は、これからも発展していくと思います。

ところが、日本と韓国のあいだには発展が見られません。日本も関係改善を懸命にやっていた時期がありました。言いたいことも言わず、いくら努力しても、全然評価されなかったのは先ほど先生からご指摘があったとおりです。すべてに関して、ただひたすら文句をつけてくるだけです。

よく知られているように、日本と韓国の補償問題は一九六五年に締結された「日韓基本条約」によって終わっています。日本は無償三億ドル、有償二億ドルの賠償金を韓国に支払って「過去のわだかまりは水に流す」という合意に達しています。当時の日本の外貨準備高はわずかに十八億ドルでしたから、「無償・有償五億ドル」というのが日本にとってどれほどの負担であったか。逆にいえば、日本はどれだけ誠意をみせたかが知れると思います。

そのときの韓国大統領が朴正熙（パクチョンヒ）。現在の韓国大統領のお父さんです。日本の首相は佐藤栄作で、現在の首相の大叔父に当たります。

この「無償・有償五億ドル」の賠償金によって、韓国経済は飛躍的に伸び、当時は「漢江の奇跡」と呼ばれるほどの発展を果たしました。たしかに個人補償はなされませんでしたが、「個人補償はこちらでやるので国家賠償をしろ」というのが韓国政府の決定でしたから、個人補償がないことはあくまでも韓国の内政問題というべきです。

日本は当時、それだけの誠意を見せたわけですが、韓国の人たちから評価されることはありませんでした。いまだに「慰安婦だ、強制連行だ」と攻められているわけですから、日韓は完全に失敗した関係だと思います。

日韓条約で一度合意に達したのに、また過去を蒸し返すのはありえない話です。また、こっちがいくら謝罪や賠償をしても相手がそれを受け入れなかったら、国家間の関係なんて成り立ちません。

西尾　韓国は日本の謝罪を受け入れないどころか、どんどん要求をせり上げています。強請りたかり同然です。

川口　日韓の関係が膠着状態にあるのは日本一国のせいではありません。先ほど、「ドイツとポーランドの関係はうまくいっています」と申し上げたのは、両国がうまくやろうと努力しているからです。ところが、日韓関係のように一方があくまでも頑なであれば、関係改善など、うまくいくはずがありません。

「加害者・被害者」を棚上げした独仏関係の知恵

川口　③の日米関係と独仏関係についていえば、もちろん私も似ていると思いますが、ではどこが似ているかといいますと、「ドイツが加害者で、フランスが被害者である」とか、「日本は加害者でもあるけれど原爆の被害者だ」とか、いわないところです。日米関係にしても独仏関係にしても、お互いに「加害者・被害者」ということをいいません。それがうまくいっている理由だと思います。

ドイツとフランスの場合、国家としては「わだかまりの感情は水に流しましょう」という合意ができています。戦後すぐ、フランスのド・ゴール大統領とドイツのアデナウアー首相のとき、「これからは争うのはやめましょう。今後は若い人たちの交流を盛んにしていきましょう」といって、若者たちに〝憎しみ〟を教え込むことをやめました。もちろん、フランスの学校の歴史の授業で「ドイツはこんな悪いことをしました」と、ホロコーストの事実などは教えていることでしょう。でも、それは知識として教えるだけですから、「だったら仕返ししてやれ」などと煽（あお）ることはいっさいありません。

もちろん、「フランスは嫌いだ」というドイツ人や、逆にドイツ嫌いのフランス人はかなりいると思います。それは個人的な感情ですから、嫌いは嫌いでいいわけです。ただし、国家としては国民の感情に流されない。それは両国で確認済みです。

ドイツとフランスの関係というのは、第二次世界大戦のときはドイツが加害者でフランスが被害者といっていいと思いますけれど、歴史をさかのぼればナポレオンの遠征などもあったわけで、どっちもどっちなんですね。そこで、ドイツの首相とフランスの大統領が第一次世界大戦の激戦地をいっしょに訪問し、「ここで大勢の人が犠牲になりました」といってお花を供えることがあるわけです。

いま、ドイツとフランスの子供たちのあいだにはわだかまりはまったくありません。憎しみも怨みもいっさいなし。両国の関係はたいへん良好です。戦争から七十年、世代も入れ替わっていますから、うまくいっているのだと思います。

日本とアメリカの関係もそれと同じで、日本は原爆を投下されましたが、「怨みに思え」という教育はしませんでした。だから日米関係もうまくいっているのです。そのあたりも独仏関係とよく似ていると思います。

したがって、日中関係や日韓関係がうまくいかないのは日本のせいではなく、むしろ相手方に和解するつもりがないからだと思わざるをえません。

西尾　フランスの大統領とドイツの首相が献花するのは第一次大戦の大激戦地となったヴェルダン要塞（フランス）ですが、日米間に目を転じると、第二次大戦の激戦地・硫黄島では両国の戦死者たちを追悼する合同慰霊祭が毎年行われています。

今年四月、アメリカ議会で演説した安倍首相もそれに触れています。そのときの模様を毎日新聞から引いておきます。

安倍晋三首相は29日の米議会演説で、1945年の硫黄島の戦いに参加したローレンス・スノーデン元米海兵隊中将(94)と、硫黄島守備隊司令官を務めた栗林忠道(くりばやしただみち)陸軍大将の孫に当たる新藤義孝前総務相(57)を紹介した。かつて戦火を交えた日米の和解の象徴として紹介された2人は傍聴席で握手を交わし、議場の出席者が総立ちとなって2人に拍手喝采を送った。

首相は第二次世界大戦に触れた中で、傍聴席に並んで座った2人を紹介した。日米合同慰霊祭にたびたび出席してきたスノーデン氏の「硫黄島に行っているのは勝利を祝うためではない。その厳(おごそ)かなる目的は、双方の戦死者を追悼し、栄誉をたたえることだ」との言葉を引用。2人が同席する姿を「これを『歴史の奇跡』と呼ばずして、何をそう呼ぶべきか」と語った。さらに「熾烈(しれつ)に戦い合った敵は、心の紐帯(ちゅうたい)が結ぶ友になった」と話すと、スノーデン氏と新藤氏が握手を交わした。

(四月三十日付)

あれは安倍さんのじつに上手な演出だと思いました。

日米関係においては、ときに新しい外交問題が発生することがあります。日本に対してアメリカが失礼なことをしてくると、われわれのプライドはまた傷つけられるけれども、しかしそれは根深いものではありません。その点でも、日米関係は独仏関係と似ているということができます。

独露のような〝大人の関係〟は〝駄々っ子〟中韓には望めない

西尾　ここで川口さんにお尋ねしたいのは、①の関係――ドイツはロシアから、日本が中国から受けているような〝攻撃〟にさらされているかという問題です。すなわち、執拗な謝罪要求や歴史を捻じ曲げた外交攻勢……そういうものを受けているでしょうか？

中国は一九八〇年代あたりを境にして、歴史を悪用して日本を叩くという手法を思いつきました。全国的に広く反日運動、反日教育を行うようになったことはご存じのとおりです。それを始めたのは鄧小平で、そのとき被害を受けたのが中曽根（康弘）首相です。

八〇年代というのは、カンボジアの「キリング・フィールド」の情報が洩れ出し、大量虐殺の噂が見る間に広がった時代でもありました。毛沢東が裏で糸を引いていたといわれるポル・ポト政権下で、一〇〇万人以上、いや二〇〇万人近くのカンボジア国民が虐殺されたのです。共産主義者のポル・ポトは「腐ったリンゴは箱ごと捨てなくてはならない」といって、自国民を十把一絡げに殺しました。

それを受け、八四年にはズバリ、「キリング・フィールド」というタイトルのイギリス映画が公開されます。

すると突然、中国は日本軍による「南京虐殺」を言い出したのです。もちろん、「南京事件」というのは戦後すぐの東京裁判の法廷で持ち出されたものですが、それが連合国側の一種のプロパガンダであることは明白でしたから、その後、中国人自身も忘れていた話です。げんに、あの毛沢東も周恩来も「南京事件」などという言葉は口にしていません。その「南京事件」を突如、蒸し返して反日の材料にしようとしたのが鄧小平です。その意味で「南京虐殺」というのは意図的につくられた〝反日材料〟なのです。

ではなぜ、「南京虐殺」といった古証文を持ち出したかといえば、毛沢東の指導のもとで行われた「キリング・フィールド」を相対化するためであったことは明白です。毛沢東時代の「文化大革命」で、中国政府は何百万人もの国民を殺していますから、その汚点もまた「南京虐殺」を持ち出すことによって相殺したい。そういう狙い(ねら)があったことは確実です。その傾向がとりわけひどくなり、加速されたのは江沢民(こうたくみん)が九三年に国家主席に就いてからです。中国各地に「南京大虐殺紀念館」をつくり、歴史をもって日本を叩くという方針を打ち出しました。

私の質問は、これと同じようなことをロシアがドイツに対してやっているか？　ということです。

八九年のベルリンの壁の崩壊、九一年のソ連の消滅、東西ドイツ統一を受け、ドイツとロシアは握手しました。ロシアはドイツの統一を認め、そのドイツから援助をたくさんもらっています。そうした独露関係において、両国が握手する前の歴史を利用したロシアの〝ドイツ叩き〟があるでしょうか？

川口　〝ドイツ叩き〟と言えるかどうかわかりませんが、ロシアは、戦時中の出来事を最大限に利用して、常に、自分たちを倫理的に上に置こうとしていることは確かです。ナチのファシズムと戦い、ドイツを解放したロシアというスタンスは崩しません。

ただ、ドイツとロシアの関係は歴史的に深くて、王家や貴族同士の婚姻関係もたくさんありました。いまロシア領になっているカリーニングラード（当時の名はケーニヒスベルク）は十三世紀からずっとドイツ領だったところで、七十年前（一九四五年）までドイツでも最重要都市の一つでした。大哲学者カントの生まれた都市でもあります。ドイツとロシアは、隣国だったのです。

そんなこともあって、独露は軍事的、政治的には敵対しながら、経済的、心情的にはいまでも近い関係にあるとも言えなくもない。

今回のウクライナ問題にしても、ドイツはアメリカの要請を受け、一応ロシアに対する経済制裁を行ってはいますけれども、それでもなるべくロシアに打撃を与えないようにやっています。口では過激な抗議をしながら、経済制裁はやっている〝ふり〟をしている、といってもいいかもしれません。

西尾　ロシア――当時はもちろんソ連ですが――は第二次大戦でファシズムを倒し、ベルリンを陥落させたことを、あらゆる機会に自画自讃してきました。今年も戦勝記念日にその〝輝かしい勝利〟を吹聴しています。でも、それ以上のこと、すなわち政治や外交に歴史を悪用して現在のドイツを叩くというようなことはないわけですね？

川口　それはありません。どちらかというと、ウクライナ問題で、ドイツがロシアを叩いているぐらいです。ロシア嫌いの政治家も、ドイツにはたくさんいますから。

お話に出た五月九日の戦勝記念日には、ロシアは今年も七十か国ぐらいに招待状を出しましたが、ウクライナ問題がありますので、半分以上の国が欠席しました。メルケル首相も表向き、他国と歩調を合わせて欠席でした。

ただ、ドイツ政府としては祝賀会への参加は見送りましたが、ロシアとの関係をこれ以上こじらせるつもりはないので、翌日の十日にメルケル首相がモスクワに飛んでプーチン大統領といっしょに無名戦没者の墓地に花輪を捧(ささ)げています。旧ソ連が第二次世界大戦で果たした功績に対する敬意と、現在進行中のロシアの軍事行為への非難を切り離すための苦肉の策といっていいでしょう。ドイツはそうしたバランス外交にはとても長(た)けています。

現在、ヨーロッパの周辺で多くの軍事紛争が起こっているのを見ていますと、「戦後」というのはなんだか空しく感じます。ほんとうは、いまは「戦後」ではなく「戦争前夜」なのではないかと思えるほどです。そんな不穏な状況だからこそ、ドイツとロシアはお互いに非難し合いながらも、水面下ではしっかりと協力できる道を探し求めているのではないかと思います。とにかく彼らはみな、考え方が合理的です。

西尾　中国は日本に対して歴史を悪用し、政治的・領土的進出までしようとしているわけですが、ドイツとロシアの関係においては、歴史と政治、歴史と外交は別であるという認識が共有されているということですね。

私も前々から「歴史と政治、歴史と外交を峻別(しゅんべつ)せよ」と提言してきました。それが大国の作法です。政治を動かすために歴史を利用するのはあってはならないことです。歴史を歪める結果につながるからです。

にもかかわらず、中国や韓国が姿勢を改めようとしないのは、両国が大国ではないからです。

川口　ドイツとロシアとの関係において政治に歴史を利用することがなかったのは、ドイツが一方的に譲歩していたからであり、あとは、双方ともに〝お互いさま〟みたいなことを感じているからだと思います。

西尾　そうですね。戦争はヨーロッパ史の前提でした。東アジアは互いに「鎖国」し合っていた地域でした。

第三章　地球上に広がる「文明の衝突」

イスラムと中韓に通底するのは〝分家〟に追い抜かれた〝本家〟の怨み

西尾　ここで、ちょっと観点を変えてみたいと思います。

ドイツと日本、あるいはヨーロッパと東アジアという関係だけではなく、キリスト教とイスラムという別の基軸がいま地球を動かしだしているというテーマです。キリスト教vsイスラムというのは五百年、いや一千年前から続いているドラマでありますが、その対立がアメリカの明らかなる衰弱の下、古傷がうずくようにして目立つようになりました。

一見、これは日本には関係ないことのように思えますが、じつは日本と中国、日本と韓国の関係を考えるうえで、一考されるべき問題を秘めています。

イスラムは七世紀から十七世紀あたりまで約一千年間、全盛時代を誇りました。歴史を振り返ると、ヨーロッパはイスラムに完全に支配されてきました。あるいは、抑え込まれてきたといってもいいでしょう。文化的にもイスラムはずっと優位に立っていました。

私たち日本人は、西洋から歴史を学んだために大きな錯覚に陥っている可能性があります。西洋史から生まれた近代思想を自分たちの思考方法の基軸に据えたため、どうしてもヨーロッパ人の〝目〟で歴史を見てしまうのです。

たとえば日本が開国したとき、優勢な位置にあった一等国はイギリス、フランス、プロイセン、オーストリア、ロシア……などでした。アメリカはまだここには入っておりません。間もなく日本が台頭してきて、アメリカと日本が二つの〝若き大国〟となるわけですが、われわれの頭のなかにある近代史というのはそれほどに新しい歴史なのです。

ところが、それ以前はイスラムが世界をリードしていました。イスラム教国であるオスマン帝国はアフリカ北部、ヨーロッパの一部、東ヨーロッパ、さらに下ってインドネシアに至るまで、地球上のほとんどの地域を押さえていました。広範にわたって世界帝国を築いていたのです。

そうした前史は明治の開国期の日本人の目には入っていなかったはずです。当時の西洋通・福沢諭吉や内村鑑三の目にも入っていませんでした。戦争直前、『回教概論』(中公文庫)を書いた大川周明がイスラムを強調するようになるまで、日本人は歴史を西洋一辺倒で考えていたのです。そのため、現在でも日本人には歴史がよく見えないところがあるように思います。

今度、「イスラム国」(ISIS)というテロ集団が出てきて、キリスト教先進国では「野蛮だ、残虐だ、怪しからん」と激烈に非難しているわけですが、私にいわせれば、キリスト教サイドも興奮していて、偏向している。フランスの週刊誌「シャルリー・エブド」がイスラム教の開祖ムハンマドをどれほど侮辱しても「それは言論の自由だ」というのは、宗教戦争をこっちも引き受けると言っているのと同じで、どう考えても行きすぎです。「なんでもかんでもイスラムは憎い」というようになったのはキリスト教側が冷静さを失った証拠です。

イスラムは前述したように、ヨーロッパよりずっと優位な文明でした。オスマン帝国は勢威を保ち、一四五三年に東ローマ帝国を破ってからは、地中海を包囲してヨーロッパの諸王朝の内部に介入するぐらいの力をもっていました。地中海の出口も押さえていましたので、ヨーロッパ諸国はその外に出ることができませんでした。

ヨーロッパのキリスト教国が反撃に転じたのは、十七世紀あたりからで、イスラムの優位はだんだん崩れていきます。結果的に旧い文明は、合理主義を基軸に据えたヨーロッパ文明に敗れることになるわけです。ヨーロッパ側の銃砲・火器に敗れたのです。西洋近代の軍事力に敗れたといえます。海洋でもまた制圧されてしまいます。

イスラム側にすれば、この敗北はなんとしても許しがたいという思いだったでしょう。彼らのあいだには、屈辱を内攻させた感情が残りました。

もちろん、今回のテロ集団「イスラム国」がイスラム全体を代表しているわけではありませんが、彼らの宗教感情が非常に高まっているのは事実です。私がそう感じるのは、ドイツやフランスにいるイスラムの二世、三世があの暴力的なテロ集団に馳せ参じているからです。また秘かな資金援助もなされているでしょう。それを考え合わせると、イスラム教徒やイスラム教国の宗教的情念はかなり強いように思います。

このように、優位にあった文明が後発の文明によって逆転されるという現象は後々まで響くのです。

この比喩を東アジアに当てはめると、西洋近代の合理主義に乗ったのが日本でした。それに乗れなかったのが中国と韓国です。彼らには複雑な感情が芽生えました。「日本よりおれたちのほうが優位にあったのに……」と信じ込んでいる中国と韓国は――実際にはそんな事実はないのですが――西洋文明に逆転されたイスラムのように深い怨みに捉われているのです。その轍（わだち）からなかなか抜け出せない。とりわけ、中国がそうです。

イスラムと中韓のアナロジー（類比）はちょっと思いがけない話だと思いますので、簡単に整理しておきますと――「おれのほうが本家だ」と思っていたら、分家に追い抜かれてしまった。そして、その分家が大きな顔をしている。それがどうしても許せない、という強い怨念（おんねん）がイスラムにも中国にも韓国にもあるのです。その点からしても、中韓両国の日本に対する意識は、他のアジア諸国とはまったく異なると考えなければなりません。根底に中韓自身の大敗の歴史からくる根の深い怨嗟（えんさ）の感情が渦巻いているからです。

川口　中国が「自分は本家本元である」と思うのはまだわかりますが、韓国がその驥尾（きび）に付しているのはちょっと不思議な気もします。「わが国は日本の兄貴分だ」と思い込んでいるのでしょうが……。

西尾　しかし、われわれ日本人は「本家」だの「分家」だのといったことは少しも考えてきませんでした。

江戸時代初期に当たる時期、漢民族は満洲民族に中原（ちゅうげん）を奪われ、「清（しん）」という王朝をつくられてしまいました（清の入関は一六四四年）。それを知った江戸期の知識人たちは「なんと情けないことよ」といって、シナをばかにしたものです。その時期の日本人たちは「中華の『華』とは、わが日本である」という意識を強くもっていました。中江藤樹（とうじゅ）にしても、熊沢蕃山にしても、山鹿素行にしても、当時の儒者はみなそうでした。山鹿素行など、そのものズバリ、『中朝事実』というタイトルの本を著しています。「シナは中華ではなく、日本こそが中朝（中華）である」というのがこの書の主張でした。

日本は中国を相対化していたわけですが、相手はそうは思っていません。いつでも自分を世界の中心において考えるのが中国人に固有の「中華思想」ですから、いくら落ちぶれても自尊心だけは高いのです。その彼らは「清朝最大版図がシナである」と思ってきましたから、現在でも中国共産党政府は清朝最大版図が自分の国だと思い続け、チベットも新疆ウイグルも支配し続けている所以です。中国人というのはそんなふうに思い込みの激しい〝閉ざされた人たち〟ですから、日清戦争（一八九四年）で、西洋近代合理主義を身につけた日本に敗れたことは大いなる屈辱であり、それゆえ日本に対しては「許しがたい」というどす黒い感情がとぐろを巻いています。怨念と怨嗟が今日の政治問題、歴史問題のすべてにかかわっているのです。

東アジアで政治的な不幸が続いている構造的背景です。

いま、ヨーロッパ人（キリスト教徒）に向かって「あなたがたはイスラムが現在やっていることは認めないでしょう?」と訊けば、「そうだ」というはずです。後発文明に逆転された怨みに基づき、イスラムがキリスト教側に襲いかかってくるのは〝逆怨み〟のようなものですから、ヨーロッパ人がそんなものは認めるわけがありません。

　そうであれば、中国および韓国がいま日本に向かって非難攻勢を強めていることも「分家」に追い越された「本家」の〝逆怨み〟に基づいているわけですから、われわれだってそんなものはとうてい認めがたい。

　私たちはそうした観点を一般的な国際世論にしていく必要があります。それはヨーロッパ人、アメリカ人を説得する手段になるのではないかと、私はそんなことを考えています。

「イスラム国」の行動は十字軍への仕返しだ

川口　私はいま、「イスラム国」の人たちがやっていることは十字軍に対する〝仕返し〟ではないかと思っています。キリスト教徒は昔から残酷なことを山ほどしてきました。イスラム教徒にだけではなく、他の異教徒に対してもひどいことをしてきた歴史があります。十三世紀、ドイツ騎士団が東方へ遠征したときも、そこの住民をほとんど皆殺しにして、プロイセンをつくった。それは「北方十字軍」といわれていますが、その後も、ヨーロッパ人は、北米のインディアン、南米のインディオ、オーストラリアのアボリジニと、みな、絶滅に近いところまで追い込んでいる。
西尾　「北の十字軍」については、私も『国民の歴史』（文春文庫）で触れていますので、少しご紹介しておきましょう。

問題なのは、いままでほとんど日本では知られていない第三の十字軍、デンマークおよびザクセンの東の方、北はバルト海から南はシュプレー川を経てマイセンの辺りにいたるまで、多数のスラブ人が住んでいた居住地である。(中略。キリスト教徒は)北の異教徒たちに、改宗するか、それとも絶滅されるか、二つに一つの選択を突きつけた。現在ポーランドからバルト三国に及ぶ一帯の地域にいた異教徒たちは、キリスト教徒が討伐の対象とする正当な根拠を持っていた相手ではけっしてない。「北の十字軍」はキリスト教世界の防衛、または失地回復のための軍隊なのではなく、キリスト教世界拡大のための先兵となったといっていい。(第20章)

私はそう書きました。攻撃をしかけたのはドイツ騎士修道会、すなわち戦う信仰集団でした。

川口 あちこち絶滅させられてしまった民族は、もう、キリスト教徒に仕返しはできないわけですが、イスラム教徒はたくさん残っていますので、いま報復しているという状況ではないでしょうか。

キリスト教徒は横暴なことをいろいろやっただけではなく、過去の暗黒の歴史を全部書き換えて、「われわれは悪いことはしていない」という顔をしながら世界中で力を振るっています。問題の根源はそこにあると思います。

キリスト教徒は自分たちの歴史を「世界の歴史」としたわけですが、イスラム教徒はまったく納得していません。その点では、「イスラム国」のテロリストたちも、普通のアラブ人も、ペルシャ人つまりイラン人も同じでしょう。

西尾　ところで、私のもっているデータ（二〇一四年のドイツ連邦統計局の集計）によれば、ドイツの総人口は八〇九四万人で、そのうち外国人は六七〇万人ですから、その割合は八％強ということになります。

川口　それはまだドイツ国籍を取得していない外国人の数ですから、すでに国籍を取った元外国人をふくめると、その割合は二割ぐらいにハネ上がります。

もう少し具体的に申し上げますと――連邦統計局の二〇一三年のデータによれば、帰化した人たちや、その二世、三世をふくめると約一六〇〇万人が外国系です。これはドイツの総人口のちょうど二〇％に当たります。つまり、ドイツでは五人に一人が外国人ないし外国系ということになります。

西尾　ものすごい数字ですね。そうした外国人ないし外国系の若者たちは社会の下層に追いやられ、経済的にも社会に不満をもっているため、「イスラム国」へ流れ込んでいるという報道をしばしば目にします。かつて労働移民としてドイツに入ってきたトルコ人の子弟が多いのでしょうか？　トルコはイスラム教の国ですし……。

川口　トルコ人の二世、三世はもうすでに長くドイツに居着いて、多くは穏健な人々です。ほとんどドイツ人同然になっていますから、「イスラム国」へ流れているのは彼らではありません。ドイツにやって来て日が浅く、ドイツ社会にとけ込めない人とか、ドイツ国籍はもっていても、社会の最底辺に据え置かれ、ドイツに反感を抱いている人たちです。シリア人とかコソボ人の若者も多いのではないでしょうか。でも、これは推測です。

ドイツには「サラフィスト」と呼ばれるイスラムのウルトラ過激派がどんどん増えて、すでに七五〇〇人もいるといわれています。ドイツはもともとイスラムの過激派が多く住んでいる土地で、アメリカの「9・11」事件（二〇〇一年の同時多発テロ）の実行犯たちもハンブルクで下準備を進めていたというのは有名な話です。連邦憲法擁護局（国内問題を担当している情報局）の言い方によれば、「サラフィストの全員がテロリストだというわけではないが、テロリストの全員がサラフィストであることは確かだ」ということになります。

そうしたサラフィストの大半はアラブ諸国の出身ですが、すでにドイツ国籍を取得している人もかなり多いといわれています。外国人がドイツ国籍を得るのはそれほどむずかしいことではないからです。「イスラム国」に共感し、シリアの戦闘に加わっている義勇兵にはサラフィストが大勢います。ドイツ人ないしドイツ系の義勇兵は、二〇一三年十月の報道では二〇〇人でしたが、いまでは五〇〇人以上いるらしい。しかも、従軍の〝波〟は止まる気配がないというのが現状です。

どうしてシリア内戦への参戦が多いかといいますと、第一に挙げられるのは地の利のよさです。これまでイスラム原理主義者たちの憧れの地はアルカイダやタリバンの牙城であったアフガニスタンとパキスタンでしたが、ドイツからこの両国にたどり着くには遠いし、ビザもいる。ところがシリアは、しばしば報道されているように、トルコ南部のアダナ空港やガズィアンテプ空港まで飛べば、あとは極端な話、歩いてでも入国できます。トルコの国境警備隊は、入国は厳しいけれど、トルコからシリアへ出国する外国人はほとんど取り締まりません。

しかも、トルコに入るには、EUの国民なら九十日間、つまり三か月までならパスポートさえ要りません。EUの国民はIDカードを交付されており、EUとトルコとのあいだではIDカードで往来できるという協定が結ばれています。ですから、IDカードにはスタンプもなにも捺しませんから、見せるだけで、「ハイ、どうぞ」。ですから、IDカードを使ってシリア国境まで行き、そこで今度はパスポートを出せばシリアは文句なく入れてくれます。

「イスラム国」に合流するのは、EUの国籍をもった者にとっては、じつに簡単なのです。

ドイツから両空港へのチケットは二〇〇ユーロ足らずですから、行く気になれば、いつでもだれでも行ける。そして、九十日すなわち三か月以内に帰ってくれば、なんの問題もありません。ドイツへ戻ったら武器を調達したり兵士をリクルートしたり、またテロ集団と合流することも可能です。だからこそ、ドイツ当局はものすごく神経質になっています。

ドイツのサラフィストについては、憲法擁護局がかなり詳しく把握していて、彼らがシリアで戦闘に加わっている実態も、また戦死者の数も摑んでいると伝えられています。だから、ときどきショッキングなニュースも流れます。

二〇一三年の十月末、私の住んでいるバーデン＝ヴュルテンベルク州から、当時十五歳の女子高校生がやっぱりトルコ経由でシリアに入ったことが確認されたらしい。インターネットには彼女が武器を構えている写真が投稿されました。しかも彼女は三か月後に、同じようにシリアで戦っているドイツ人と結婚したようです。花婿になった二十一歳の青年は、六年前、ケルンでパトカーを襲撃して武器を奪った罪で少年院送りになったという経歴の持ち主です。少年院を出所した後、シリアに渡ったわけですが、パトカーを襲撃した動機も、そしてシリア入国の目的も「アメリカ人を殺すことだ」といっているそうです。

いま、ドイツ政府がたいへん神経質になっているのはそういう若者たちが続々とドイツに戻って来ていることです。「イスラム国」で武器の使い方を習得し、熾烈な実戦に参加し、殺気をムンムン漂わせたサラフィストたちは、ドイツへ戻ると「イスラム国」への志願者をリクルートして、またトルコ経由でシリアへ出かけて行きます。そうでなければ、ドイツ国内でテロを計画する。きわめて危険なのです。

ドイツはアフガニスタンに約三〇〇〇人の部隊を派遣していましたので、イスラム過激派のターゲットの一つにされています。ドイツ兵の任務はアフガンの警察の養成とか、復興援助でしたが、次第に戦闘に巻き込まれ、攻撃したり、されたりしました。したがって、イスラム過激派の目にはドイツ軍も米英軍と同じに映るのでしょう。ドイツ国内でのテロもいまでは杞憂ではありません。（表Ⅱ参照）。

ドイツの連邦検事局によれば、シリア帰りのサラフィストの一人がドイツ中部にある米軍の原子力兵器の武器庫への攻撃を呼びかけているという情報もあります。

シリア帰りのサラフィストが危険なのは、自分たちの戦いが「聖戦」であると信じ込み、命を惜しまないからです。ドイツの連邦憲法擁護局は「シリアで戦闘に加わった義勇兵の帰還はヨーロッパにとっての脅威になりつつある」と警告を発しています。

そこで、何人かの政治家のあいだで上がり始めたのが「シリア義勇兵のドイツ帰国は拒否すべきだ」という声です。そうはいっても、シリアからの帰国者が戦闘に参加していた

表Ⅱ　2011－2013年にドイツで摘発された主なテロ関連事件
－「アルカイダ」などの影響を受けたとみられるもの－

摘発日又は発生日	容疑者（国籍が明らかでない者は単に在住者と記した）	概要
11. 3. 2	セルビア・モンテネグロ国籍者（21歳，コソボ出身）	ドイツ・フランクフルト国際空港で米軍兵士2人を射殺。犯人は犯行直前，被害者がアフガニスタンへ派遣予定であることを直接確認 ※犯人は，犯行前日にインターネット上で，アフガニスタン駐留米軍兵士がイスラム教徒の女性を乱暴している映像として掲載されたビデオ（フェイスブック上で「友人」として登録していたイスラム過激主義者のドイツ人が掲載したとされる。実際は反戦映画の一部）を閲覧して感化された旨自供
11. 4.29	モロッコ人（29歳）ら3人（12月にさらに1人逮捕）	ドイツ国内での爆弾テロを計画 ※「アルカイダ」幹部アティヤ・アブドルラハマンおよびユニス・アル・モーリターニから指示
11. 5.16	オーストリア人（21歳，アフガニスタン出身）（共犯者〈ドイツ人〉が同31日，オーストリアで逮捕）	共犯者とともに，ドイツにおける「アルカイダ」のリクルート・資金調達ネットワーク構築を企図 ※「アルカイダ」幹部ユニス・アル・モーリターニから指示
11. 9. 8	パレスチナ人（28歳）およびドイツ人（24歳，レバノン出身）	共犯者とともに，ドイツ国内での爆弾テロを計画 ※インターネット上で爆発物の原料の購入を試みたとされる
12. 6.10	ドイツ人（24歳）	仲間（スイス人，19歳）とともにソマリアに渡航し（2012年5月），イスラム過激組織「アル・シャバーブ」に参加 ※傷の治療のため入国したタンザニアで拘束後，ドイツに送還され逮捕
12. 8. 3	ドイツ人	「イスラミック・ジハード・ユニオン」（IJU）から派生した「ジャーマン・タリバン・ムジャヒディン」に所属し，「ドイツに危険を及ぼす暴力行為」を準備 ※2010年7月にトルコで拘束後，ドイツに送還され逮捕
12. 9.18	ドイツ人（20歳，アフガニスタン出身）	イスラム過激組織「ウズベキスタン・イスラム運動」（IMU）に所属し，資金調達やリクルートを実行 ※ドイツにおけるIMU責任者との指摘も
13. 3.13	ドイツ人（23歳～43歳）	極右政党「Pro NRW」（ノルトライン・ウェストファーレン州の政党）の党首の殺害を計画

出所：公安調査庁

のか、それともボランティアとして人助けをしていたのか、見分けるのは困難です。

おまけに、国籍の問題もあります。それが外国人ならば、国外に追放したり、入国を拒否したりもできますが、もしドイツ国籍をもっていたら、ドイツ入国を拒否することはできません。それどころか、現在のドイツ基本法（憲法に相当）では、たとえドイツ国民が重罪を犯しても、あるいは国内でテロを犯す可能性があっても、帰国を拒否することもできません。帰国させて、逮捕するしかない。自国民なのだから、国籍を剝奪することもできない。基本法は信教の自由も保障していますので、イスラム教を敵視することもちろんできません。

結局、ドイツ政府がいまできることは、なるべく多くの情報を集めて警戒を厳重にするということしかありません。

テロ対策が厳重なヨーロッパと無防備な日本

川口　テロを警戒して、今年に入ってから二回、大きな催しが中止になっています。
一つはブラウンシュヴァイクといって、北ドイツではいちばん大きなカーニバルで知られる都市ですが、そのパレードが突然、中止になりました。ドイツ人はカーニバルのときは大掛かりな山車を何台もつくり、大人まで夢中になって仮装します。ところが、開催の二時間前になって、地元警察が「パレードがイスラム過激派によるテロ攻撃の対象になる怖れがある」と警告を発して、カーニバルが中止になったのです。テレビのニュースを見ていたら、滑稽(こっけい)な仮装姿のまま、大の中年の男が泣き出す始末。ドイツ人って、おかしいですよ。

それに続いて、ブレーメンでは街の真ん中が封鎖されました。「テロの危険があるから」というのが理由でしたが、ドイツ当局はそれほど神経質になっています。

「シャルリー・エブド」の襲撃事件のあったフランスも同様です。そこで、フランスは法律まで変えました。これまでは当然、電話の盗聴など許されていませんでしたが、「疑惑のある人物に関しては盗聴したり、メールを盗み見たりすることができる」へと変更したそうです。

西尾　それはたいへんな法律だ。でも、そうしないと治安を維持できないという面もあるわけですね。

じつをいえば、私は二〇二〇年の東京オリンピック・パラリンピックをいまから心配しているんです。

川口　日本はガードが緩いから、すごく心配です。

それはともかく、フランスは一気にそういう法律をつくってしまったわけですが、当然、

「これは監視国家へ至る道の第一歩だ」と、反対の声も上がりました。ドイツもいろいろ揉めていまして、結局、メールの中身を盗み見ることは許されないけれども、「怪しいメールは三か月間、保管することができる」という法律が決まりました。そして、いざ疑惑が具体化したら、そのとき保管していたメールを調べるというのです。

西尾　全体主義国家みたいになっていきますね、イヤだね。

川口　でも、それくらい神経質にならないと、これからまだまだイスラム・テロは増えていくと思います。

西尾　日本は呑気にしているけれども、ヨーロッパはそうでしょうね。

川口　日本はイスラム教との確執がなかった世界でも珍しい国だと思います。中国だって新疆ウイグルを通じてイスラム問題を抱えていますし、ロシアもチェチェンがある。だから、ウイグル族を弾圧する中国政府も「イスラム国」のターゲットになっているという情報もあります。

ヨーロッパはイスラム教徒が入り乱れています。ドイツでは幼稚園や小学校を見ると、いまや、外国系の子供たちのほうが多いというケースもたくさんあります。

日本だけですよ、イスラム教徒を抱え込んでいないのは。ほとんどのイスラム教徒は穏やかな普通の市民ですが、たまに狂信的なのがいるから怖いのです。

西尾　日本は外国の「宗教戦争」にはかかわらないほうがいいのです。口出しすべきではありません。この点安倍さんは問題で、言葉の介入をし過ぎです。そこで、川口さんご自身は日本とドイツを行ったり来たりするとき、不安はありませんか？

川口　狙われるとすれば、フランクフルト空港とアムステルダムのスキポール空港あたりかなと思っています。両方とも大きな空港ですから。もっとも、私はアムステルダムの空港は使わず、フランクフルトかミュンヘン。でも、不安は別に感じません。

「時間の侵略」が始まった戦後と「日本の孤独」

川口　先生は先ほど、「日本は西洋近代の合理主義を上手に取り入れた」とおっしゃいました。実際、維新の開国以降の日本の近代化の歩みは一応、成功したかのように見えます。でも、現在の状況を見ると、じつはあまり成功しなかったんじゃないかとも思います。というのは、こういうことです。——幕末、日本が西洋列強から押しつけられた不平等条約を日清戦争や日露戦争（一九〇四年）を通じて克服してきたのは事実です。そして、自分たちは西洋の陣営に入ったという意識をもったと思います。いわゆる「名誉白人」的な思いですね。

西尾　現在、日本がアメリカ、イギリス、フランス、ドイツ、イタリア、カナダといった白人国に伍して「G7」に入っているのが好例です。

川口　「有色人種でも、自分たちは別だ」という感じで、欧米人のサークルに仲間入りしたと思っているわけですが、ドイツ人は「日本人を仲間に入れた覚えはない」と思っているかもしれません。ヨーロッパの他の国のことはわかりませんが、少なくともドイツ人はそう見えるところがあります。

いま、日本がドイツのメディアから悪口をいわれるというのも、じつは日本を仲間に入れたくないという、彼らの本心の表われなのではないでしょうか。そういう歪(ゆが)んだ感情があるのではないか。それがドイツの反日的な報道につながっているようにも思います。

ヨーロッパからほんとうに受け入れられているか否か、その真偽はわかりませんが、そうした日本になにが起こっているかといいますと、中国や韓国からどんどん突き上げられてアジアでも浮いてしまっているように見えます。結局、どちらにも入っていない。

そうなってしまう理由の一つとして、日本の発信力の弱さがあると思います。「日本の主張」をアピールするための短期的作戦もなければ、どうすれば日本の味方になってくれる国を増やせるかという長期的戦略もありません。

世界の多くの国々は、実際に現地へ行ってみればわかりますが、私たちが想像しているほど、実態はよくありません。イメージのほうが実態よりもいいことのほうが多い。ところが日本は唯一、イメージより実態のほうがいい国です。だから、二〇一三年に初めて訪日外国人旅行者が一〇〇〇万人を超えると、翌年には一三四一万人と、飛躍的な伸びを記録しています。リピーターも多いと聞きます。それはそれでいいのですが、逆にいえば、これまでは日本の発信力が弱かったから、いいイメージを世界中に流すことができなかったということにほかなりません。

去年、私が日本に帰っていたとき、次女が遊びに来ました。次女はドイツ生まれのドイツ育ちですから、頭のなかは完全にドイツ人です。私が日本人ですから、彼女も日本を好きですけど、ときどき、新聞で読む与太記事をもとに知ったかぶりの日本批判をすることもあります。

そんな彼女が日本へやって来て、山陽から上高地、北海道まで、一人で秋の自然を満喫する旅をした。そして、いちばん感心していたのが、日本が清潔なことでした。東京でいっしょに病院に行ったときは、「日本人ってほんとうに身ぎれいね」という感想を洩らしました。外を歩けば、「街にゴミ箱がないのに道にゴミが落ちていない！」と感心する。

その次女がドイツに戻ったあと、ユーモラスなメールが送られてきました。――「ママ、ドイツって最悪！　みな太っていて、不機嫌で、攻撃的で、おまけに不親切……。私はこれにまた慣れなくてはいけないのか……」と。私はお腹を抱えて笑ってしまいました。ドイツにいるときは日本に対して批判的だったドイツ人が、実際に日本を知ると日本のファンになるケースはいままでたくさん見てきましたが、わが娘もその一人だったわけです。ですから、日本のイメージを是正するには、なるべくたくさんの外国人に来てもらって、ナマの日本を見てもらうのがいちばんの早道ですよ。

イメージより実態のほうがいいというのは、先ほどもいいましたように、日本の発信力が弱いということです。ドイツ人のあいだで、いま日本がどういう立ち位置にあるかというと、トルコとかロシア、イランという、ちょっと困った国の列に入れられているような気がします。そういうなかで安倍首相が「戦後レジームからの脱却」を推進していけば、ますます孤立するのではないかと、私はそれがちょっと心配です。

西尾　川口さんはいま、「日本の孤独」ということを指摘されたわけですが、その予感は正しいと思います。戦後もずっと侵略戦争が続いているからです。ただし、戦後は「空間の侵略」がしにくくなりましたので、現在は「時間の侵略」が始められています。いまどき空間の侵略をしているのは中国とロシアぐらいのもので、主流は「歴史戦」です。自分たちに都合のいいように歴史を書き換え、それを「正史」として主張していく動きです。

イスラムには、「ジハード」(聖戦)といって剣を振りかざして戦うイメージがありますけれども、それを最初にやったのはキリスト教徒なのです。それなのに、あたかもイスラム教徒がやったかのごとく宣伝し、ジハードをイスラム教徒の残虐性を象徴する言葉にしたために、ジハードはプロパガンダの一種として成功したといわなければなりません。

そういう手法を使うキリスト教徒というのは、どこか中国人に似ています。自分たちがやったことを、あたかも相手国がやったかのように言い募って〝罪〟をなすりつける。そのあたりはとてもよく似ているわけですから、悪の宣伝戦では中国人と気が合うのかもしれません。

さて、そういうふうに時間の侵略をされつつある日本ですが、私がおもしろいと思って見ているのは日米の関係です。川口さんが先ほどいわれたように、G７のなかで日本はあまりしっくりいっていないのかもしれません。日本の他はみな白人文明国ですから、たしかに安倍首相が少し浮き上がって見えることもあります。でも、アメリカもちょっと異質に映るところがあるのではないでしょうか。

大統領が黒人であることからもわかるように、アメリカの国内においてはアングロ・サクソンの力がどんどん落ちているように思います。アメリカもまた自国の「孤独」ということを感じ始めているのではないか。アメリカはヨーロッパではありません。日米の置かれた位置はその意味でも似ていて、日米接近の一つの根拠になっているようにも思います。

一方、G７の残りのG５のうち、カナダを除くG４は「EU統合」を果たして、一種の優越意識をもっていました。ところが近年、経済的にも技術的にも外交的にもEUの力は落ちてきているように見えます。少なくとも、ドイツ以外のG３はそうでしょう。これまでの〝ヨーロッパ優越意識〟も稀薄になってきているのではないでしょうか。

十九世紀ドイツの哲学者ニーチェは「ヨーロッパの没落は二百年後」と予見しました。彼の死は一九〇〇年でした。「二百年後」といえば、二一〇〇年ですが、死後百十五年を経過したいま、すでにヨーロッパの終焉が見えてきつつあるといっても過言ではありません。

ここで「没落」というのはあのユーラシアの西端が乱れ果てた廃墟のような土地、貧しく荒れた世界、移民が入ってくるのではなく自分たちが移民になって出稼ぎに外国へでていかねばならないような土地になることを意味します。信仰心も道義も地に落ち、EUとしてのまとまりも国家単位のまとまりもなくなることです。

実際、ドイツを除くヨーロッパがこれ以上よくなることはないでしょう。経済的にも技術的にも進歩はあまり期待できません。そのため、彼らは中国に救いを求めるようになりました。中国が主導するなんとも危なっかしい「ＡＩＩＢ」（アジアインフラ投資銀行）への参加という動きが象徴的です。ＥＵ諸国がＡＩＩＢに参加すると聞いたとき、私は腐肉に群がるハイエナを想像しました。中国の人民元にすがって、なんとか生き延びたいという、そんなあさましい姿を思い浮かべたからです。

それに対して、安倍外交は中韓以外の国々を上手に回りました。オーストラリア、インドに始まって東南アジア諸国、改めてサウジアラビア。さらに、ロシアとも接近しようとしています。いろいろいわれながらも、安倍さんは健闘していると思います。

さてここでヨーロッパの運命について追加しておかねばならないのは、ヨーロッパはいまではドイツの力と意志に決定づけられている観があります。EUを衣装に身にまとった「ドイツ帝国」が出現している事実はフランス人エマニュエル・トッドの言うとおりだと思います。私はそのようなドイツの力と意志を観取しますが、そこに「文化の力」は秘められているでしょうか。

イスラム教徒が二〇%も入りこんで、ナチス後遺症のためみずからの歴史を偽らざるをえないドイツ、ドイツ音楽もドイツ哲学も地に落ちて、ドイツ医学論文は英語で書かれるようになり、ドイツの教育もレベルが下がっていまや他国が見習うべきモデルは完全になくなりました。残っているのはベンツが示す産業の力だけで、それも中国人に売ることで息を吹き返したのです。いまドイツ人は軍事的にもためらいを脱ぎ棄てるようになり、東方へ伸びていくというヒトラーの夢は中国大陸にまで手を伸ばしつつあります。私が恐れているのは中国の軍事力の増強にドイツがテコ入れすることです。「ドイツ帝国」の出現は日本にとって脅威です。

第四章　戦争が異なれば戦後も違う

ドイツの戦争と日本の戦争はこれほど異なる

西尾　ここで、ドイツの戦争と日本の戦争は決定的に違うということ、さらに、日本は戦後、戦争を克服しつつありますが、ドイツは永久にあの戦争の傷跡を克服することができないという宿命について、話題を転じたいと思います。そういうと誤解され易いのですが、日本が過去を克服していないのは気持ちの問題ですが、ドイツはドイツである限り過去に呪（のろ）われ続けるという意味です。

ドイツは〝呪われた国〟です。しかし、日本は呪われていません。それは、日本の戦争が正しかったからです。日本は正しい戦争をした——そこがドイツと決定的に異なる点です。

この点を日本人自身が正しく認識し、世界に発信する必要があります。認識が定着すれば、次に行動になって表れます。教科書に載れば、日本人の自負心が涵養されます。少しずつではありますが、そうなりつつあるようにも思います。

そこでまず、ドイツの戦争と日本の戦争がいかに違うか、ということを申し上げておきたいと思います。

①ドイツは国民の選挙で選ばれた党が主導した独裁国家であり、世界の政治史に初めて出現した「二十世紀型のテロ国家」でした。強制収容所、秘密警察、国軍以外のSSをはじめとする特殊任務部隊という、三つのテロ機構を駆使した全体主義国家で、しかもその政権は国民の選挙により正式に支持されていました。

歴史に登場したそれまでの独裁国家、専制国家には国境があり、また目的もありました。ところが、ナチスにはそれがなかった。無限定な運動体でしたから、永遠に答えの出てない体制でした。どういうことかといいますと、ナチスは支配権を確立してから〝敵〟を見つけ出し、その〝敵〟を倒したら、さらに新しい〝敵〟をつくり出す……という運動体でした。〝敵〟の概念がやむことなく移動していくわけです。ユダヤ人を絶滅させたら、次はポーランド人だ、ウクライナ人だ、ロシア人だ、と……際限もなく広がっていく。だから、答えは永遠に出ないのです。

止まるところを知らない運動体であったという点で、共産主義の政体と非常によく似ています。それゆえ、ナチス・ドイツはファシズムでした。

それに対して、日本は天皇を祭祀主とした神権国家体制でしたから、ナチズムとは全然違います。国民は天皇と運命共同体でした。天皇と国民のあいだに切れ目はありませんでした。そこに切れ目があったというのは戦後の思想です。日本は断じてファシズムではありません。

ファシズムというのは、いろんなイデオロギーや文化的意匠といったものを束ねた人工的な共同体です。ファシズムの語源となったイタリア語の「ファッシ」、「束」という意味です。さまざまな宗教やイデオロギーを束ねて人工的な運動体をつくること――それがファシズムですから、日本にはそうした理論はまったく当てはまりません。逆にいえば、天皇を戴(いただ)く制度があったおかげで、日本はファシズムを回避することができたのです。

日本には当時、国家を超える「党」がなかったという点でも、ナチス・ドイツとは違います。当時、そんな党（パルタイ）があったのはソ連とナチス・ドイツだけでした。ヒトラーとスターリンは互いに気脈を通じていました。いまは北朝鮮および中国です。その点からしても、戦前の日本は全体主義国家にではなく、むしろイギリスやフランスと似ていたというべきです。軍事体制の強化はもちろんありました。それはイギリスにもフランスにもアメリカにもありました。

②日本とドイツが決定的に違っていた二点目は、生物学的人種思想に立脚していたドイツのイデオロギーは日本には無関係です。ドイツでは戦争それ自体が最大の目的ではなく、ゲルマン人の理想社会を建設することが目的でした。ドイツ人が戦争犯罪については謝罪する気がないのはそのためです。ただし、生物学的人種思想に立脚した行為については謝罪せざるをえなかった……。

生物学的人種思想に立脚した行為がどんなにひどいものであったかといえば、ナチスは結婚の管理までしていました。身障者や病人を抹殺しています。その過程で避妊手術や断種手術も行いました。ナチスがやったことはすべて通例の戦争犯罪ではありません。

私がびっくりしたのは、東ヨーロッパから二十万人ぐらいの金髪の美少年・美少女をさらって来て、その親を殺して、彼・彼女らをドイツ人にしたことです。そんなことまでやったんです。日本の戦争とはまるで較べものになりません。

③もう一つ、ドイツの戦争はヨーロッパを舞台にした宗教的内戦という側面をもっていましたから、日本とはまったく関係がありません。西洋文明内部の「内戦」であるという

のが、彼らの戦争の特徴でした。

一方、日本の戦争は白人に対するアジア人の人種間闘争という意味合いがかなりありました。西洋と東洋とのあいだに人種の相違があり、アジア人を搾取する白人に立ち向かっていったのが当時の日本でした。その意味では、防衛上の理由が色濃くあって、日本は、「自存自衛の戦いだ」と言い続けたわけです。いいかえれば、白人に追い込まれた日本人の「窮鼠猫を嚙む」戦争であったということになります。

こんなふうに三つの点から見ていくと、ドイツの戦争と日本の戦争はまったく性格が異なることがはっきりします。戦後処理の仕方が違うのも当然の話なのです。

安倍首相にもそうした歴史認識があるのでしょう。だから、「右翼」といわれようが、「リビジョニスト」と呼ばれようが、動じないのかもしれません。その胸中には「日本の戦争は正しかった」という思いがあるに違いありません。今後もどうかぐらつかないでいただきたい。

少しずつ少しずつ、日本国民も目覚めてきているように思いますが、まだ十分ではありません。だから私たちは口を酸っぱくしてでも、いま申し上げたようなことを繰り返していかなければならないのです。

たとえば、ユダヤ人を虐殺から救ったリトアニア領事館の領事代理・杉原千畝の話はよく出てくるのに、ユダヤ人を救済した日本人最大の功労者というべき東条英機の名はほとんど語られません。東条には次のようなエピソードが残っています。――昭和十三年三月、ソ満国境のオトポールという駅に数万人のユダヤ人難民が殺到したときのことです。当時、関東軍の傘下にあったハルビンの特務機関長・樋口季一郎少将と安江仙弘（やすえのりひろ）大佐は関東軍参謀長の東条英機に相談しました。すると東条が「ユダヤ人救済」の許可を出してくれた。そこで、樋口少将らはオトポール駅に緊急に救援列車を何本も送ることができたというのです。そうしてユダヤ人たちを安全圏に逃してやった、と。人種差別政策はとらない、は当時の日本の国策でした。

こういう事実をなぜ日本の外務省は諸外国に向かって強く訴えないのでしょう？　戦後も早い時期にこうした史実を明らかにしていたら、「日本軍国主義」とか「日本の侵略」といった諸外国の観念を打ち壊すことができたはずです。ところが、日本の外務省はそうした事実を公表してこなかった。これは大いなる怠慢でした。

以上のような史実をまず日本人が知ること。そして認識を改めること。そのうえで世界に広報すること。そうなって初めて、日本の戦争も見直されることになります。

かくも「戦後」が異なったドイツと日本

西尾　続けてもう一つ確認しておきたいことがあります。それは、戦争が異なっていた日本とドイツでは戦後空間もまた異なっていたということです。

いまからちょうど二十年前（一九九五年）の五月八日はドイツにとっての「戦後五十周年」でした。そのとき、それまでドイツのマスコミを覆っていた感情に大きな変化が生じました。それはなにかといいますと——敗戦直後のドイツ民族に加えられた〝不正義〟に憤りを示した記事が「フランクフルター・アルゲマイネ」や「ディ・ツァイト」に載ったことです。「ディ・ツァイト」は、ソ連軍に包囲された三週間に、ベルリンではパンコウ地区だけで二百余人が川で投身自殺をし、独ソ間で戦闘が始まると全ベルリン市で約六〇〇〇人が自殺したことを改めて書き立てました。また、現在はポーランド領の東ポンメルン地区などの東方地域では、婦女子がソ連兵に辱めを受け、大勢の女性が自決したと、かつての凄惨な記憶を喚起させました。

それまではただひたすら平身低頭していたドイツのメディアとは思えないような変身ぶりだったので、私は鮮やかに記憶しています。

そのとき、「フランクフルター・アルゲマイネ」の署名入り社説（J・G・ライスミュラー筆）は次のような、心理的委曲を尽くした緻密な分析を掲載しました。以下、要点をかいつまんでご紹介してみます。

――ドイツ国民は敗戦を体験したが、心と感情においては抵抗していた。それでもそのとき「このあと、ヨーロッパではナチスの殺人機構の犠牲者は出なくなる」といって安堵したドイツ人がいたであろうか？　そんな人は一人もいなかった。

そんな書き出しで始まるその社説は、敗戦当時のドイツ人の心の状態を再現して、戦後のドイツ人の後知恵による「反省」や「欺瞞」を鋭く突きました。もう少し要約を続けてみます。

――ユダヤ人に加えられていた破壊行為を、大部分のドイツ人はじっと目を凝らし、見すごしていた。彼らがどこへ連れて行かれたのか、だれも知らなかったし、知ろうともしなかった。これは一九四五年五月八日の記憶に浮かぶ暗い斑点である。さりとて、何百人ものドイツ人は終戦に安堵している暇などなかった。ことに、ソ連軍に直面した東方では災厄が襲いかかってきた。ドイツ人は追い詰められ、収容所に入れられ、虐待され、惨殺された。それゆえ、生き残ったドイツ人で五月八日に歓呼の声を上げた者はいない。連合軍はドイツを解放しようとしたのではなく、打ち滅ぼそうとしていたのだ。しかし、そのときドイツ人にはお畏れながらと訴え出る審判の場は一つもなかった……。

国家それ自体がなくなり、ドイツ人が無権利状態に置かれたことは「ゼロ時」と呼ばれていますが、注目すべきは、戦後五十年たったあの時点（一九九五年）で、「ゼロ時」のドイツ人に関して右のような憤りに近い声が上がったことです。

それまでは、いま引用したようなことを書いたりいったりしたら「それはヒトラーの犯罪を帳消しにするものだ」という非難の声がすぐさま上がりました。連合軍の蛮行を指弾するようなことは口が裂けてもいえませんでした。ドイツ人は羊のようにおとなしくしていなければならなかったのです。ところが、戦後五十年を迎えたあのとき、突如として「不服従の意志」にも似た声が上がったのです。

「フランクフルター・アルゲマイネ」の先ほどの社説は次のような言葉で文章を閉じています。――《ドイツ人は戦争終結時と戦後の最初の数年の苦しみに思いを馳せる――なんら煽動的底意なしで、品位をもって、思いを馳せる権利を有するものである》と。

そこで、今度は日本の戦後を見てみます。

幸いなことに、日本の戦後にはドイツに匹敵するような無政府状態の窮地はありませんでした。その理由ははっきりしています。大日本帝国が敗戦後も二年間、存続していたからです。一九四七年（昭和二十二年）五月三日の日本国憲法施行の時期まで、大日本帝国はれっきとして存続していました。占領軍の命令は日本人に直接下されたのではなく、大日本帝国政府を通じて発せられたのです。したがってわれわれ日本人は、ドイツ人のようにあの苛烈きわまりない恐怖と不安の「ゼロ時」を経験しなくても済みました。

それに対してドイツは、いま見たように、ヒトラー死後は国家それ自体がなくなってしまいましたから、殻をもがれたカタツムリのようなものでした。無政府化の無権利状態の「ゼロ時」に置かれた恐ろしさ——当時のドイツ人が襲われた恐ろしさは、いろいろな〝幻想〟を生みました。

一つ二つ、例を挙げてみれば、「一九一〇年から二五年までに生まれたドイツの青年たちは不妊手術をされるそうだ」とか、「ドイツの市町村長は全員クビになり、強制収容所から解放されたユダヤ人が取って代わるらしい」とか、「ドイツの各都市は計画的に略奪される手はずになっている」といった流言が国内に広まったものです。

川口 日本が、ドイツほど強烈な、恐怖と不安の「ゼロ時」体験をしなくてすんだというのは、おっしゃるとおりです。ドイツの戦争が正しくなく、戦争と言えるものでもなかったことも事実でしょう。でも、ドイツを〝呪われた国〟というのは、いま、生きているドイツ人がちょっと可哀想です。まあ、これは先生のレトリックだと思いますが……。

ソ連軍がベルリン攻囲作戦を開始したのは一九四五年の四月十六日でした。それ以降は昼も夜も砲撃の音が響き続けました。電気もガスも水もストップしたなか、ベルリンの防空壕内では逃げそびれた市民二〇〇万人が暮らしていたといいます。その圧倒的多数は女性と子供で、そのうちの一二万人は乳幼児でした。

そして四月二十六日、ベルリンは完全包囲され、五月二日にはついに陥落しました。その後のベルリンは、まさに地獄そのものでした。すでに始まっていたソ連兵の蛮行は目を覆わんばかりのものがありました。家宅侵入、略奪、そして婦女暴行……。阿鼻叫喚のなかでレイプが行われ、その犠牲者はベルリン市だけで九万五〇〇〇人から一三万人のあいだといわれています。ほとんどすべてがソ連兵の犯罪でした。それは二つの主要な病院の報告によるものですから、水増しはほとんどなく、信頼できる数字だといわれています。ドイツ全体では、ソ連兵による婦女暴行が五十万件、米兵によるものが十九万件とされますが、ただし、こちらのほうはそれを証明する揺るぎないデータはありません。

悲劇は他にもたくさんありました。すでに一九四四年の終わりごろから始まっていた東方のドイツ領土からの必死の脱出。ドイツの敗戦が決まってからは、追放されたドイツ人の逃避行がそれに加わり、難民の数は一二〇〇万人から一四〇〇万人と見られています。着の身着のまま、西へ西へと向かう行軍は飢えや寒さ、疲労、そして虐殺によって、多くのドイツ人が亡くなっています。死者と行方不明者は合わせて三〇〇万人と推計されています。

ただし、ドイツは終戦後のドイツ人に対して行われたソ連軍、あるいは東欧の国々での乱行や残虐行為についてはずっと口をつぐんできました。ホロコーストの罪があまりにも重いため、自分たちの被害をあげつらってソ連軍や米軍の蛮行を責め立てることなど考えられなかったからです。ですから、ドイツ人が「連合軍はドイツを解放しようとしたのではなく、打ち滅ぼそうとしていたのだ」という声を上げたのは、先生が先ほどご指摘になった「戦後五十周年」の一九九五年のときが初めてだったに違いありません。

西尾　それに較べて、日本は過酷な戦後空間に置かれることはありませんでした。流行歌の「リンゴの歌」で癒されてしまう程度のものだったといえます。それゆえ、日本の知識人たちは戦後に入ると、さっさと戦争を懺悔し、あるいは否定し、臆面もなく「自由だ」「民主主義だ」と甘ったれたことを言い始めました。

「戦争責任」という言葉が出てきたのは戦後もしばらくしたころでした。

私の場合、小学校四年生のときに終戦、中学一年生のときに東京裁判の判決（一九四八年十一月）がありました。あのあたりを機にして「戦争責任」という言葉がいっせいに出てきたように記憶しています。

私は『わたしの昭和史』（『正論』一九九五年―九七年連載、新潮選書）という本のなかで、中学生時代の日記を紹介しながら――「戦争責任」というのは敵国がつくり出した概念であって、日本に〝罪〟を感じさせるためのものだ、と見抜いています。だから、日本には戦争責任があるというけれど、そんなのはお互いさまじゃないかと思っていました。幼いながらに、「戦争が悪だというのであれば、アメリカにだって同じぐらいの責任があるだろう」と考えていました。

私は一九六五年に公表した「私の『戦後観』」で「過去の悪を肯定する勇気」を唱え、「戦争責任など成り立たない」と書いて以来ずっとそんな思いがありましたから、長じてからも「戦争責任」に関連する本が目に入ると、読んできました。すると、日本を槍玉に上げる「戦争責任」論にあたかもリアリティがあるかのように論じているものが多いことに気づきました。全体の三分の二から四分の三、いや、もっと多かったかもしれません。

ただし、保守系の思想家といわれる人たち――小林秀雄、福田恆存、そして左翼の一部の吉本隆明もふくめて――は「戦争責任」という言葉に微妙な反応を示しています。

小林さんは「近代文学」同人との座談会（昭和二十一年二月号）の席で、有名な発言をしています。

> 僕は政治的には無智な一国民として事変に処した。黙って処した。それについて今は何の後悔もしていない。（中略）この大戦争は一部の人達の無智と野心とから起ったか、それさえなければ、起らなかったか。どうも僕にはそんなお目出度い歴史

観は持てないよ。僕は歴史の必然性というものをもっと恐しいものと考えている。僕は無智だから反省なぞしない。悧巧(りこう)な奴はたんと反省してみるがいいじゃないか。

福田さんにも同じ流れの発言があり、吉本隆明も「戦争責任」に関して、愚かで卑劣な言い逃れをする日本共産党以下の左翼を痛烈に批判しています。

ところが、「『戦争責任』などなかった」とは、だれも言っていません。「戦争責任はアメリカにもあった」とはさらにだれも言っていません。

ではなぜ、「戦争責任」などというデタラメな言葉に日本のインテリは踊らされたのか。「戦争責任」などというのは戦勝国のプロパガンダにすぎないということに気づいて、それを意識したうえで発言し、あるいは行動したのは江藤淳の『閉された言語空間』(『諸君!』一九八二―八四年)と三島由紀夫の割腹自殺(一九七〇年)でした。小林、福田、吉本の次の世代の江藤、三島になってやっと、アメリカにも戦争責任があるのではないかと自覚し始めたのです。ですから、私は「小林さん、福田さん、あなたがたはなにかに妥協していますね」といいたいところがずっとありました。しかしまた、そうしなければ戦後の言論空間を生きられなかったという一面もあったのだろうとは思いますが。

吉本隆明は共産党以下の公式左翼が憎いから「戦争責任」を逆手にとって、彼らに痛烈な攻撃を仕掛けたわけですが、彼の戦争観それ自体は古いと思います。彼は「文学者と戦争責任について」という論考で、戦争をめぐって次のように書いています。

そこ（現代・西尾注）では〈戦争〉の企ては不可能だし、〈戦争〉が悪だということは、現在まで存在するどんな体制や理念にも保留や区別なしに適用されるべきだ。〈平和〉が善であることも、どんな体制や理念にも、保留や区別なしに適用できるはずだ。現在の体制や理念の相違は、世界中どこでも戦争行為に訴えるほどの意味をもっていない。これははっきり言い切っておいた方がいい。

（大和書房『吉本隆明全集撰3』所収）

私が注目するのは、「世界中どこでも戦争行為に訴えるほどの意味をもっていない」という箇所です。吉本氏がいっていることは、そのとおりだと思います。私もそれは否定しません。しかし、戦争というものは、第一次大戦の勃発（ぼっぱつ）を見てもわかるように、意味があるから起こるのではなく、なにがなんだかわけがわからないうちに始まり、どうにもならない力に衝（つ）き動（うご）かされて拡大するのが常です。いいかえれば、戦いを仕掛けるのではなく、戦いを仕掛けられることもあるのです。では、戦い、を仕掛けら、れ、た、ときはどうするのか？

そこまでの問いつめ方は戦後の保守思想家にはありません。彼らには「思想や政治の原点は国防である」という意識が弱いからです。また、「国防」ということを失念したのが日本の戦後という時代でした。

その点、私は「ドイツ人はあの苛烈な戦後空間をよく生き延びたものだな」と感心しています。彼らはじつにしたたかでした。自分をほんの僅かでも肯定することができない呪われた戦後空間を生き延びることができたのはしたたかだったからです。もちろん、そのウラには巨大な自己欺瞞が隠されているはずです。逆にいえば、自己欺瞞を冒さなかったら生き延びられなかったのがドイツ人だったのです。

でも、民族というものはそれでいいのではないでしょうか。民族はなんとしてでも生き延びなければいけないからです。

戦後七十周年を機にドイツの謝罪は減っていく？

川口　ドイツの戦争と日本の戦争が異なっていたこと。そのため、両者の戦後も異なるというお話はそのとおりだと思いますが、ドイツにいてドイツの動きを見ていますと、これからは、ドイツの謝罪は減っていくのではないかと思います。戦後七十年の今年あたりを境にして、ユダヤ人への謝罪も、近隣諸国への謝罪も、ずっと少なくなっていくのではないか……。

西尾　そうであれば、日本もドイツを見習わなければだめですね。日本の南京問題とか慰安婦問題はまったく根拠のないデタラメなんですから。

　それはともかく、「今年を境にしてドイツのユダヤ人に対する謝罪が少なくなっていくのではないか」というのはとても大事なご観察だと思います。もう少し詳しく説明してください。

川口　当たらないかもしれませんが、私の推測をお話ししてみます。

　ドイツのいまの大統領はガウクという人ですが、もともとは東ドイツで牧師をしていました。現在は七十五歳ぐらいで、ロシアに対しては憎しみしかないような「西側万歳・民主主義万歳」の人です。二〇一二年に就任して以来、まだ一度もロシアを訪問していない。ただ、ドイツ国民のあいだではものすごい人気なのです。そのガウクが、二年ほど前に突然、「ドイツはもっと国力に見合うよう、世界のリーダー的役割を果たしていかなければならない」と言い始め、みながあれっと思いましたが、昨年六月には、「人権を守るためには、武器を取ることも否定するべきではない」と発言し、物議を醸しました。「これまでドイツが軍事的に自制していたのは正当な理由があったが、大勢の無辜な人々が危険にさらされているいま、これからはもっと積極的にEUの軍事行動に参加するべきだ」というようなことを言ったのです。

西尾　それに対してドイツのメディアは批判しないんですか。

川口　している人もいますが、とにかく絶大な人気を誇っていますので、メディアもあまり批判はしません。

西尾　そりゃ、おかしい。だって、ドイツ・メディアは安倍首相に対しては「極右」というレッテルを貼(は)っているわけでしょう？　それでいながら、自国の大統領が安倍さんと同じような発言をしても批判しない。ダブル・スタンダードですよ、それは。

川口　とにかく、これまでにないタイプの大統領なんです。大統領といいますと、いままでは政治的発言はしませんでした。というか、してはいけないのですが、ガウク大統領は違います。どんどん発言する。しかも、政治家がそんなことを言えばたいへんですが、ガウク大統領ならなんとなくスルーしてしまう。ですから、ドイツにはいま、これまでとは違った雰囲気が出てきています。七十年間、平身低頭、反省、謝罪でやってきたドイツが、ほとんどわからないぐらい少しずつ変わり始めているように思います。少なくとも、ガウク大統領はそれを意識してやっているだろうし、政治家もわかっている。牽制(けんせい)しながら、見守っているという感じですね。

いままではアウシュヴィッツだけでなく、ダッハウその他、あちこちの強制収容所で式典があると、ドイツからは大統領や外務大臣、あるいは首相が参列してきましたが、来年からは規模が小さくなるでしょう。収容所の生存者たちも相当の年齢になり、「式典に参加するのは最後になるかもしれません」と今年は自分たちのほうからいっていました。七十周年で一区切りという感じでしょう。

また、私の周囲に話を聞いても、「(謝罪は)もういいよね」という思いが強まっているように見えます。「もう十分謝ったし……」という思いもあるのでしょう。それどころか、多くの人は「自分たちは関係ないんだから」と感じています。第一章で触れたヴァイツゼッカーの講演ではありませんが、「〝集団の罪〟はない。〝罪〟とはどこまでも個人のものである」と戦後生まれのドイツ人が割り切って考えているのは仕方のないことです。うちの娘たちも「私は関係ない」といいますが、ほんとうに関係ないといえば関係ない。

いまになっても、世界中の人から「あなたたちがやったことでしょ」と指弾されたら、それはたしかに納得できないだろうと、私でもそう思います。だから、今年の戦後七十周年で一区切りついて、「もう終わった」という感じがどんどん強まるでしょう。それはそれでいい。

西尾　お話をうかがっていると、私もそうなっていくように思います。

その意味でも、先のアメリカ議会における安倍演説および「日米和解」の演出は非常に象徴的だったと思います。今後、アメリカも日本に向かって、「中国と韓国に頭を下げろ」などとうるさいことはいわなくなるかもしれません。

二〇一三年の暮れ、安倍首相が靖国神社を参拝すると、アメリカ政府は在日米国大使館を通じて「日本の指導者が近隣諸国との緊張を悪化させるような行動をとったことに失望している」というコメントを発表しました。すると、そのコメントに反発するメールが三千通、アメリカ大使館に押し寄せたといいます。それはアメリカ政府にとって衝撃だったといわれています。「日本国民はそれほどまでに靖国神社を大事に思っているのか。これは考え直さなければいけない」と感じたようです。

安倍さんも靖国参拝を続けなくてはいけません。行かなきゃだめです。

ドイツの謝罪が縮小するであろう、これだけの理由

川口　ドイツがだんだん変わっていく、謝罪が縮小していくと思う理由は、まだ他にもあります。

つい最近の四月二十四日が第一次大戦中の「アルメニア人虐殺追悼」の百周年に当たりました。ご承知のように、アルメニア人というのは当時のオスマン帝国、いまのトルコ国内の少数民族です。

第一次大戦のとき、オスマン帝国はドイツと組んでロシアと戦っていましたが、そんななか、帝国内のアルメニア人がロシア側に走ったのです。そのため、オスマン帝国は四月二十四日、イスタンブールでアルメニア系の著名人を逮捕したり、追放したりしました。この事件が一連のアルメニア人虐待のシンボルとされ、四月二十四日が「アルメニア人虐殺追悼記念日」とされました。

その後、オスマン帝国は、アルメニア人をシリア地方に強制移住させようとし、その途上、喉（のど）が渇いたり、お腹がすいたり、疲労したりして……多くの人が亡くなった。虐殺されたという説もあり、その数、ざっと一五〇万人といわれています。もちろん、私は虐殺の指令はありえないと思いますが、南京事件と同じで、死者「一五〇万」という数字が独り歩きしています。

最初に申し上げた、イスタンブールにおける著名人たちの逮捕は事実です。どうしてそれがわかるかといいますと、当時は同盟国ドイツ人の将校などがイスタンブールに入っていましたから、ちゃんと記録が残っているのです。「アルメニア人には気の毒だが、オスマンはよくやった」というようなことをドイツ人将校が本国に書き送っています。でも、オスマン帝国がシリアの砂漠でアルメニア人を一五〇万人も殺したというのは……これは非常に疑わしい。

いずれにしても、こうした一連の事件を「ジェノサイド」と呼ぶか呼ばないか、それはずっと問題にされてきました。オスマン帝国の継承国であるトルコは「アルメニア人に犠牲者が出たのは事実だが、それは戦時下の混乱や暴動などによる死亡であり、虐殺には当たらない」と主張してきました。

そんな議論が続いていたなか、今年の「アルメニア人虐殺追悼記念日」の前日、ドイツのガウク大統領が「あれはジェノサイドだ」と発言しました。『産経新聞』はこんなふうに報じています。

　ガウク大統領は24日で虐殺開始から100年を迎えるのにあたり、ベルリンで行われた追悼式典で演説。「アルメニア人の運命は20世紀に影を落とした大量殺害、民族浄化、追放、集団虐殺の歴史の一例だ」と強調した上、当時同盟国だったドイツにも、計画などに関与したとして「連帯責任」があると指摘した。（四月二十四日付）

それに対して、トルコのエルドアン大統領が激しく怒ったことはいうまでもありません。トルコの外務大臣は「ガウク大統領の発言は絶対に忘れないし、絶対に許さない」という談話を発表しています。すると、その翌日、今度はドイツの連邦会議の議長までが「ジェノサイドだ」と言ったのです。

アルメニア人虐殺というのは、歴史的な検証も進んでいない甲論乙駁（こうろんおつばく）のある問題ですから、ドイツのシュタインマイヤー外務大臣は「ジェノサイドという言葉は使うべきではない」といっています。それなのに、議長も大統領もはっきり「ジェノサイド」と規定してしまったものですから、メディアは大騒ぎになりました。

西尾　ガウク大統領がいう前に、フランスは前々から「あれはジェノサイドだ」といっていましたね。ローマ教皇フランシスコも二〇一三年にそういう発言をしています。今年のミサ（四月十三日）でも「二十世紀最初のジェノサイドだった」といっています。

川口　フランスは、アルメニア系が多いので、その票を当てにしたと言われています。ローマ教皇は、アルメニアがキリスト教だからでしょうか？　いずれにしても、そうした一連の出来事を見たとき、私は〝安倍攻撃〟と同じだと、ピンと来ました。

例の慰安婦問題も、ドイツではアルメニア問題と同じ経過をたどっているんです。韓国の言い分だけが報道されて、「強制連行はなかった」という日本側の主張はいっさい取り上げられません。

三年前には、SPD（ドイツ社民党）の議員団の連名で「『慰安婦』の苦しみの承認と補償」という決議案が国会に提出されたことがあります。完全にアメリカ議会の決議案のマネでしたが、幸い、採択には至りませんでした。

もっとも、採決に至らなかったのは韓国側の主張がウソだと判明したからではありません。この問題に深入りすると、ドイツ国軍にはもっと組織的で規模の大きい慰安婦制度が存在していたという事実が問題になってしまうからでしょう。

西尾　一九七七年に刊行された、フランツ・ザイドラーという人の『売春・同性愛・自己毀損――ドイツ衛生指導の諸問題　一九三九～一九四五年』（クルト・フォヴィンケル社）という本には、ドイツ国防軍が軍所属の売春宿（Bordell）を完全管理していた実態が克明に記されています。一九四二年には国防軍が約五百の売春宿を運営していて、その売春宿から軍当局へ提出された書類の書式まで明らかにされています（表Ⅲ参照）。

川口　ですから、国会決議などしようものなら、いま先生のおっしゃった慰安婦制度の全貌が明るみに出て、それこそ〝ヤブヘビ〟になってしまいます。そんな事情から三年前の決議案は見送られたのでしょうが、でも、「日本人は残虐で悪辣な国民だ」という間違ったイメージが払拭されたわけではありません。それどころか、慰安婦に関しては「日本軍は幼い女の子まで集めてきて性奴隷にした」とか、「彼女たちは自殺したり殺されたり……」と、もうウソに決まっているような話を国会でリベラルな議員たちがしゃべり、それが世間でもまかり通っています。「慰安婦決議」が採択されようが、されまいが、ドイツ国民

表Ⅲ　売春宿から軍当局への提出書類の書式

--の売春宿についての報告

場所：		位置：	
建築状況：			
誰によって設立されたか：		いつか：	
国防軍専属か？	さらに他のためにも利用されているか？		
売春宿の主人：		売春宿のママ：	
性病予防処置勤務班：		誰によってなされているか：	
安全保安対策班は？		誰によってなされているか：	
客の事前の検診と性病予防処置は可能か（または義務か）？		事後の処理はどうか？	
訪問時間：	娼妓の数：	年齢：	娼妓への報酬：
誰が娼妓を検査するのか？		回数は？	
客の訪問時間は時間的に制限されているか？		娼妓は売春宿内に住んでいるか？	
付き合いの始まる方法： 音楽のある社交ホールか？ ビールその他か？			
大広間と娼妓の部屋は、 友好的で清潔か？			
娼妓の下部屋の設備： 灌中洗浄機、洗面器、消毒剤、 コンドーム			
コンドームの使用： 室内における消毒剤の量：			
一般に訪問客の数は？			
娼妓と客の組み合わせ方：			
一人の娼妓の客の最高数は？		伝染病の感染は生じているか：	
売春宿規則（写し）			

のあいだには日本への悪印象として残ります。

今回のアルメニアの問題にしても、一五〇万人虐殺なんておかしいじゃないですか。そんなに大勢の人間を、そんなに短期間に殺せるでしょうか?

ある程度の粛清は、戦争中のことですからありうるでしょう。ましてや、自国内の少数民族が敵国ロシアと通じていたなら、これは国外に追放しなければ危険です。だから砂漠のほうへ追放したところ、じつはクルド族が略奪したり殺したりしたという話もあります。でも、そもそもトルコ側だって言い分があるでしょうし、数字もあるでしょう。しかし、そうした〝反論〟はドイツのメディアには載りません。一方的に、「あれはトルコのジェノサイドだった」と言い募るわけです。

いまになって、ドイツがそんなことを言い出したのは、なにが目的でしょう? トルコの「アルメニア人大虐殺」を大げさに取り上げることによって、自分たちの「ホロコースト」の罪を相対的に軽くしようとしているのかもしれない。そうした意図がないとは言えません。私は、普通のドイツ人が、そんなことを考えているとは思いません。でも、どこか水面下で、ホロコーストを相対化しようという意図をもった人が蠢(うごめ)き始めたように感じるのです。

西尾　私は第二章で、中国政府による「南京虐殺」の大宣伝の裏には、毛沢東の指導のもとで行われたカンボジアの「キリング・フィールド」を相対化する狙いがあったといいましたが、あれと同じですね。

川口　みんなそうです。原爆投下で日本人二〇万人が殺されたというと、南京の犠牲者も突然二〇万人になりました。こういうのは中国だけの得意手ではないのでしょう。ただ、ドイツがそんなことをすると、結局は自分に火の粉がかかってくるようにも思うのですが……。

一九〇四年から〇七年にかけてのことですが、ドイツのナミビア侵攻によって土地を追われた先住民族のヘレロ族が反攻を開始しました。すると、ドイツは彼らを強制収容所へ入れたり、強制労働に従事させたりして、結局は皆殺ししています。ヘレロ族は全人口の八〇％が消滅したといわれていますから、これは「皆殺し」と呼んでもいいでしょう。これが「二十世紀最初のジェノサイド」です。

ローマ教皇は第一次大戦中のオスマン帝国の「アルメニア人虐殺」を「二十世紀最初のジェノサイド」といっていましたが、ドイツによるこの「ヘレロ族皆殺し」のほうが先です。

いずれにしても、ドイツはこのところ他国の蛮行を「ジェノサイド」と糾弾するようになったわけです。そういうこともあって私は、この戦後七十周年をきっかけにドイツをこれまでとは違う方向へ向かわせようとする勢力が出てくるのではないかと見ているのです。
これからは、もっともっといろいろな「ジェノサイド」が出てくる可能性があります。

「アウシュヴィッツ・リューゲ」という欺瞞

西尾　一つ付け加えておきますと、虐殺されたといわれるアルメニア人はキリスト教徒です。トルコはいうまでもなくイスラム教国です。そのトルコを「ジェノサイドだ」といって糾弾しているフランスもドイツもローマ教皇もキリスト教です。ここにもキリスト教vsイスラム教の確執が横たわっているような気がします。

中東で起こっている出来事にはほとんどといっていいほど宗教的な対立感情が影を落としていますから、なにが正しくて、なにがプロパガンダなのか、ますますわからなくなってきます。

川口　アルメニア人というのは世界最古のキリスト教徒といわれています。アルメニア王国は三〇一年、世界に先駆けてキリスト教を公認して国教と定めたからです。ですから、ローマ教皇もアルメニアの肩をもつのでしょうね。

西尾　今年の二月、「イスラム国」がリビアで拘束したエジプト人二一人の首を斬りましたが、被害者たちはキリスト教の一派であるコプト教の信者でした。ですから、あれも一連の流れにつながっているわけです。イスラムとキリスト教との根の深い怨念（おんねん）、確執が渦巻いています。

歴史を振り返ってみると、いつの時代も戦争はありましたが、そのうちで圧倒的に多いのはユダヤ教、キリスト教、イスラム教をめぐる一神教同士の戦争であったように思います。そう考えると、ナチス・ドイツの行為も相対化されてしまいますから、いささか問題が残りますが、ドイツ自身にみずからの「ホロコースト」を相対化したい衝動があることは確実です。

ただし、「他の国にもジェノサイドがあった。他の国も同列だ」というと、そういったこと自体が罪になるという法律がドイツにはあります。それを「アウシュヴィッツ・リューゲ」と呼んでいます。「アウシュヴィッツに関してウソをいってはいけない」という法律ですが、その法律を犯すと公務員なんかクビが飛ぶんでしょう？　もっと大きな罰があるんですか？

そのあたりのことはあまりよく知られていないのですが、「アウシュヴィッツ・リューゲ」の裁き方というのは、いまどうなっていますか？

川口　罰金程度で終わってしまうのではないでしょうか。

西尾　罰金程度？

川口　懲役何年という規定もありますけれど、実際は罰金程度だと思いますし、最近では「アウシュヴィッツ・リューゲ」に引っかかったという話はいっさい聞いたことがありません。

これは「アウシュヴィッツ・リューゲ」ではありませんが、二年ぐらい前、強制収容所の元看守が殺人幇助の容疑で捕まっています。もう九十三歳になっていましたが、アウシュヴィッツ強制収容所に看守兼調理師として勤務して、その間、囚人の殺害に加担したという罪状でした。その逮捕について、アウシュヴィッツ収容所記念館の館長は「人間性に対する罪に時効はない」と述べていました。

西尾　そういうのが欺瞞なんだな。

いいですか？　ドイツの場合は国民のほとんど全員がナチスに加担していたわけですから、裁きようがないのです。戦後、西ドイツは一二〇〇万人のナチ党員を自由にして社会に出しました。アメリカは彼らをなんとか罰しようとしたんですが、なにしろ人数が多すぎて手に負えない。ドイツ人の大半が手を染めたような犯罪だったのに、いまごろになって特定の人間をピンセットでつまみ出し、自分たちの良心の証しとしてスケープゴートにする。これほどすさまじい自己欺瞞はありません。

その点、日本はそういうドラマを演じなくても済みましたから、すべてを曖昧にしているわけです。ごまかす必要がないのは、日本の戦争には道義的必然性があったからです。東条英機以下、全員正しかったのです。私は東条をりっぱな政治家だとは思っていませんけれども、彼が戦争犯罪者だとも思っていません。

ヴィンクラーの「戦後七十周年」スピーチをめぐって

川口　謝罪に対するドイツの変化という点で、私がとくに注目していたのは、ハインリッヒ・アウグスト・ヴィンクラー氏のスピーチでした。これは五月八日の「戦後七十周年記念日」に連邦議会と連邦参議院と政府が合同で行った式典で行われたもので、ヴィンクラー氏は、いまドイツでいちばんマスコミに出てくる歴史学者の一人です。結論から先に申し上げますと、彼のスピーチは基本的にはヴァイツゼッカー氏の三十年前のスピーチを踏襲したものでした。ナチの罪をこれでもか、これでもかというほど攻撃し、この犯罪を忘却してはいけないといい、同時にドイツ人の良心を強調する。言っていることは正しいはずなのに、私はどこか反発を感じます。

ヴィンクラー氏の演説に触れる前に一つ申し上げておけば――なぜ歴史学者のヴィンクラーが、この式典の基調演説をすることになったのかということです。普通なら、ガウク大統領ではないですか？　一説には、戦後を〝歴史〟にしようということで歴史学者を出

してきたのではないかという意見もありましたが、あまり説得力はないように思います。

私はむしろ、大統領に問題があるのだと思っています。すでにお話ししましたように、ガウク大統領はものすごい反ロシア主義者ですので、彼がスピーチすると偏りすぎる可能性がある。最近の軍備に関する言動にも問題がある。だからご遠慮願った。これはあくまでも私の想像にすぎませんけれども。

さて、ヴィンクラー氏がなにをしゃべったかといいますと――まずは第一次世界大戦の敗戦までさかのぼって、以後の現代史を長々と語った。ヒトラーが出てきた理由については、こういう趣旨のことを言っています。「第一次大戦に敗れたドイツには、ワイマール共和国という民主体制ができたが、ドイツ人は西側の価値観を認めなかった」。西側の価値観というのは、フランス革命に端を発するいわゆる民主主義のことです。「その結果、国内には西側に対するルサンチマンがはびこり、それをヒトラーが煽って、政権掌握に利用した」と。これは新しい見解です。ヴァイツゼッカー氏は言わなかった。

また、興味深かったのは、ヴァイツゼッカー氏は三十年前のあの有名な演説ではっきり、「5月8日は解放（Befreiung）の日だった」と言っていますが、ヴィンクラー氏は「ドイツ国民の多数は、敗戦を解放と感じなかった」と、ちょっと曖昧にしています。

西尾　ドイツ人はいつも「ナチスからの解放」という言葉を使います。「戦後ドイツはナチス体制からの解放だった」と、あたかも自分たちの過去を他人事のように語る。そういう言い方はずうずうしいと思うのです。

それはドイツ人の〝嘘〟に通じています。つまり、彼らは一二〇〇万人のナチス党員をなんの処罰もせずに戦後社会に送り出したわけです。東ドイツも似たようなものでした。そして、「過去は終わった」とか「過去を克服した」とか、あるいは「ナチス体制から解放された」とかいってきたわけです。「解放」（Befreiung）という語を使う、そうしたドイツの偽善というのは戦後ずっと続いてきました。七十年目の今年の下院議長のあいさつにもありました。過去はあるのに「ない」といっているわけですから、これほどの虚偽はありません。

川口 そうはいっていないと思いますよ。

西尾 でも、ベフライウング（Befreiung）、すなわち「解放」といっているでしょう？

川口 そう。「悪夢のような世界にいた自分たちを米軍と赤軍が解放してくれた」といっています。でも、その悪夢をつくってしまったのは自分たちであるということは否定していないと思います。

西尾 そうかな？ 否定していると思いますよ、私は。「解放された」という以上、解放される前のとらわれ人の自分は「善」であった、という前提で言われていることになるでしょう？ ナチスという特定の「悪」から「善」なる自分が「解放」された、すなわちナチズムはどこまでも自分と関係ない他者であるということでしょう？

川口 ヴァイツゼッカー氏は、ドイツ国民がヒトラーのプロパガンダに引っかかってしまって罪を犯したと言っている。でも、その罪は否定していないからこそ、いつも「忘れてはいけない」といっているのではないですか。

西尾 反省を口にするのがルーティン化している。それはとりもなおさず、反省なんかしていないという感じがします。それに騙（だま）されて中国や韓国は「ドイツは謝罪したのに、日本はしていない」というわけですが、いちばん謝罪していないのはドイツです。

川口　たしかに、おっしゃるとおりで、謝罪はしていませんね。ヴァイツゼッカー氏の演説にも、ヴィンクラー氏の演説にも、ドイツが犯した罪に対する自己批判はいやになるほど挙げられていて、それを忘れないことがドイツ人としての義務であると言っていますが、「ごめんなさい」は一行もないですね。メルケル首相が「ごめんなさい」を言っているのは聞いたことがあるけれど、この二人のスピーチのなかでは謝罪は述べられていません。なぜ、あのスピーチが日本では、「ドイツは謝罪したのに、日本はしていない」という話につながるのが、そこがよくわからない。

それから、ヴィンクラー氏は今回、「ドイツ人自身が自国の戦争の犠牲者であった」というヴァイツゼッカー説も修正しました。「戦後まもないころは、ドイツの犯した罪がドイツ国民によって正しく総括されない時期があった。六〇〇万人のユダヤ人の殺害が、ドイツの二十世紀の歴史の中枢となる事実であるということが確立するまでに、何十年もかかった。これは、ユダヤ人の研究者のおかげでもある」と言っている。そして、ユダヤ人研究者の名前をいくつも挙げて感謝しています。

西尾　一九六五年ごろに「過去の克服」問題は新しい局面を迎え、ナチス犯罪に「時効」はないときまりました。全貌を国民がつかむのに時間がかかったということですね。

川口　また、こんなことも言っています。「もし、いま、世界でジェノサイドや、人道に対する犯罪が起こり、ドイツがその解決に協力するなら、アウシュヴィッツを持ち出す必要はないし、反対に、ドイツにホロコーストがあったことを、協力しない理由にしてもいけない」と。

西尾　なにかというとアウシュヴィッツが代表例になるのはもういやだという気持ちを婉曲に言ったのではないでしょうか。

川口　一つ、苦労しているなと思ったのは、ヴァイツゼッカー氏が言った「集団の罪」の否定を再確認したこと。でも、そこに但し書きをつけた。彼はこういうふうに言っています。「母国に対する責任には、その国の歴史を自覚するという意思が含まれる」。だから、「戦後やってきた移民にも、またこれから生まれる子供も、これからドイツ人になる人も、みな、その責任を負わなければならない」と。つまり、犯罪に対しての直接の責任はなくても、どんな犯罪があったかを知っていなければならないし、忘れることは許されない。それがドイツ人としての責任だということで、これは、ヴァイツゼッカー氏の言ったことへの補足であり、再確認だったと思います。

西尾　それは新しい認識ですね。ドイツにやって来た移民にまで責任があるというわけですか。

川口　そう、犠牲者やその子孫は、簡単には忘れられないだろうから、ドイツ人が忘れてしまっては倫理にもとる。

　とにかくすごいですよ。六〇〇〇万人のユダヤ人だけでなく、ロマ・シンティ、何千人もの精神障害者、多くの同性愛者の殺害、そして、占領地におけるSSや国軍による戦争犯罪、さらに、六〇万から八〇万と言われる犠牲者を出したレニングラード包囲やワルシャワのゲットーの破壊など、詳しく数え挙げています。そして、これらを認めたからこそ、ドイツが西側の一員にしてもらえて、いまある姿になれたのだと、とても高く自己評価し、また、感謝しています。

　ヴィンクラー氏は完全なEU礼賛者で、

ドイツの使命はEUとNATOのメンバーとして、民主主義を守ることなのです。

西尾　日本がドイツと違うのは、日本の場合、戦争観が右から左まで多種多様で、そして絶えず揺れ動いていましたから、外から見ると日本の戦争観にはズレがあることです。一色ではない。そのせいで、「ずるい」とかなんだとかいわれるわけですが、ドイツの場合には外からの見方とドイツ人自身の過去の見方のあいだに大きな開きがない。それはドイツの過去の歴史には救いがなく、外からいろいろいわれると、俺の知ったことか、とフテクサれる心理にならざるをえない。ドイツ人はニヒリスティックになっている。それに対しわれわれは自国の歴史に誇りを失わないで済んだのです。

戦前から戦後にかけて、昭和天皇という一人の天皇が統治した。戦後も一貫して昭和天皇の時代を生き抜くことができた。ドイツ人にすれば、それは悔しいほど羨（うらや）ましかったに違いありません。でも、引っくり返ったって、日本のマネはできません。

そこで、ヴァイツゼッカー元大統領など、来日して名古屋で講演したとき、じつに苦しいスピーチをせざるをえなかったのです。彼はこういう趣旨のことをいいました。――「ドイツは二十年間、〝盗賊団〟に支配された。それ以前に盗賊団はなかったし、それ以降の歴史にも盗賊団はない」と。

でも、そんなのは大ウソですよ。なぜといって、ナチ以前にはナチの前史がありましたし、それ以降にもナチの後遺症は続いているからです。

そんなウソを元大統領がいわなければいけないというのは、そうしなければドイツ人は生きてこられなかったからです。しかも、ある一時期のドイツを否定するというのは民族としての統合を自己否定する話です。ですから、あの講演を聞いたとき私は、ドイツ人はこんな簡単な欺瞞に気がつかないのだろうかと思いました。ドイツには欺瞞を暴く西尾幹二はいないのか？　と（笑）。

過去を忘れたら「歴史」は蛮行を繰り返す

西尾　現代ドイツの実態を知りたいので、ここでいくつかの質問をさせてください。

まず、「ホロコースト」というじつに重い罪を背負っているため、ドイツ人は過度な「自己否定」を行う傾向がありました。移民問題においても、歴史が背負った贖罪意識のために外国人をきっぱり拒むことができませんでした。ところが、川口さんは先ほど「今年の戦後七十周年を契機に、ドイツは変わるのではないか、謝罪一辺倒から脱するのではないか」とおっしゃいました。

ほんとうにドイツは変われるでしょうか？　民族国家としてのドイツの「自己喪失」について危機感を抱いている知識人はいるのでしょうか？

川口　ドイツがイスラエルに対して謝り続けてきたことは事実です。イスラエルはイスラエルで、「エッ、こんなことまで？」と思うほど、厚かましい態度を示してきました。

西尾　そういうところは韓国とそっくりです。

川口　たしかに似ています。そこで、これまでのドイツはなにをいわれても「おっしゃるとおり」といってきました。

たとえば、二〇〇八年にメルケル首相がイスラエルを訪れて演説したとき、ドイツ語でスピーチしました。母語ですから当然です。ところが、「イスラエルの国内でドイツ語をしゃべるとはどういうことか？」と、すごく叩かれたのです。「少なくとも英語で演説すべきだった」とイチャモンをつけられています。ドイツ側は軽く聞き流していましたが、とにかくこんなふうに、なにをしても文句をいわれるわけです。そこで、ひたすら謝り続け、「私たちはこれほど反省しています」と、世界に向かってアピールしてきたのはご存じのとおりです。

もっとも、それは彼らの〝作戦〟でもあったように思います。というのも、たとえば、ドイツは一方ではイスラエルの〝天敵〟であるイランとも強い関係を結んでいた。両国の関係は戦前からのことですが、交易はずっと続いていて、いまでもイラン国内の工場で使う機械や部品などは多くがドイツ製です。もちろん、ドイツのほうはイランに依存するわけではありませんが、そうやってイランとの関係を良好に保ってきたのは、やっぱりイスラエルを視野に入れてのことだったと思います。

この四月二日、イランの核開発問題に関して、イランと国連の常任理事国五か国（英米仏露中）にドイツが加わり、スイスのローザンヌで長い会議を続けて一応の合意に達しました（「ローザンヌ合意」）。そのとき会議を主導したのはドイツのシュタインマイヤー外相でした。いまもお話ししましたように、ドイツとイランとのあいだには太いパイプがあるから、シュタインマイヤー外相が仕切ることになったわけです。

会議では、「イランが核兵器を製造できない水準まで、少なくとも十年間は、ウラン濃縮能力を制限する。この六月末までに細部を詰めて最終合意をめざし、合意の履行確認後、イランへの制裁は解除される」という枠組み合意ができました。ただ、その大枠はザル同然で、底洩(も)れしているといわれています。実際、シュタインマイヤー外相など、「条件付きではあるけれど、イランの核の平和利用は認めてやってもいいのではないか」という意見をもっています。

平和利用であれ、イランに核を認めることはイスラエルが絶対に反対するに決まっています。でも、ドイツはいま、イランの考えている方向で話をまとめようとしている。このように、安全保障にかかわる問題で、ドイツがイスラエルに逆らったのは「戦後初めて」

といっていいと思います。

またドイツはその他、もう一つのイスラエルの敵、サウジアラビアとも良好な関係を結んでいます。

こういう細かな出来事が、先ほどから申し上げているように、戦後七十周年を機にドイツは変わるだろうという私の論拠の一つになっています。この路線を推し進めると、イスラエルに対する〝奴隷〟のごとき外交もだんだん終焉に向かうのではないかと思えます。


西尾 たしかに、イスラエルがずうずうしい態度を取り続けていると、みずから墓穴を掘ることになるかもしれませんね。ドイツ人はもう一回、ユダヤ人迫害を始めるかもしれない……。人間の世界というのはそういうものではありませんか?

もちろん、十年や二十年ではそういう変化は起こらないでしょう。しかし、われわれがもういなくなったこれから百年後を考えてみてください。そのとき生きている人たちはみんな、過去のことは忘れ去っているわけですから、どんなことが起こっても不思議はありません。

日韓関係だって怖いですよ。少なくとも二十年前、三十年前より悪くなっていることはたしかです。日本の統治時代を知っている人たちが生きているときのほうが日韓関係はずっとよかった。「日本の統治はよかった」と実感した人たちが大勢生きていたからです。

ところが、昔を知る人がいなくなると……これは二年前（二〇一三年五月）の事件ですが、「日本の植民地統治はよいことだったと、わしは思うよ」といった九十五歳のお年寄りが若い男に殴り殺されています。韓国の人たちは二、三十年前とはまったく違った人種になってしまったのです。

その背景にあるのは韓国が漢字を捨てたことです。いまはハングル文字しか教えませんから、若い人たちは漢字が読めない。当然、漢字で書かれた過去の史料も読めません。そのため、あの国では「知性の劣化」という恐るべきことが起こっていると聞いています。日本に帰化したエッセイストの呉善花（オ・ソンファ）さんがそういうことをしきりに書いておられますが、私もそのとおりではないかと推察しています。韓国人が漢字を失うというのは歴史を失うことだったのです。

韓国の大統領・朴槿恵（パク・クネ）さんは、彼女がしゃべっているとおりのデタラメ歴史を本気で信じているのだと思います。徹底した反日教育を受けたから、そこで教えられたことを引っくり返して考えることは一度もしたことがないでしょう。親日的であった朴正熙大統領の娘さんにしてそうですから、よほど意識している知識人でなければ、韓国の「反日」はなかなか改まらないでしょう。それどころか、ますます加速するはずです。

そんな状態が続くのは非常に怖いことなのです。

さりとてドイツがイランに近づいてイスラエルを牽制したように、日本の周りには韓国を抑える位置にあるイランのような都合のいい国がありません。新しい「脱亜入欧」を唱える人もいますが、日本が遠い西欧とダイレクトに結んでこと足りていた福沢諭吉の昔とは違い、いまはやりにくくなっていて、うまい方策はなさそうです。日本政府の当惑と苦渋には大いに同情しています。

第五章　難民・移民問題で苦悩するヨーロッパ

〝スキ〟を見せたドイツを襲う「難民問題」という危機

川口　ドイツ人がいま、「これからドイツはどうなってしまうのだろう」と感じている危機感のいちばん直接的な原因は難民問題です。

ドイツには去年だけで二〇万人の難民が入って来ています。今年（二〇一五年）は最初、「それが三〇万人になるだろう」といわれていましたが、現在は上方修正して「四〇万人から五〇万人」といわれています。それだけの数の難民が今年一年でドイツに入って来るだろうというのです。

入って来た人たちの全員が「難民」として認定されるわけではありませんが、一部は認められます。しかも、難民として認めるか認めないかという審査をしている期間中は彼らの衣食住の世話をしなければなりませんから、たいへんです。そこで、何十万という人たちを各州の人口比によって振り分けています。

最初、国はお金を出さないで、「各州でやってください」という姿勢でしたから、州はたちまちお手上げ状態になってしまいました。そこでやっと国がお金を出すことになりましたが、彼らを住まわせる場所だけは各州で確保しなければなりません。古い工場とか古い学校を慌てて改修して、それこそ三段ベッドを入れたり、古くなったホテルを借り上げたりと、もうテンヤワンヤです。それでも収容しきれませんから郊外にバラックを建てたり、近代的な大きなテントを用意したりしています。

西尾　一つ、質問があります。

先日、イタリアの海岸に多くの難民が到来しましたが、「ヨーロッパの国家間においては審査なしで国境を越えることができる」というシェンゲン条約がありますから、イタリアに入ってしまったら、難民はイタリアからドイツまで行けちゃうわけですか？

川口　難民には、シェンゲン条約は適応されません。難民に適応されるのはダブリン協定といって、まず彼らが足を着けた国がすべて対応するという決まりです。つまり、イタリアに着いた難民はイタリアが審査をして、「受け入れる」ことが決まったら、イタリアが受け入れなければならない。ただ、イタリアもすでに多くの難民を抱えていますし、大袈裟ではなく、毎週どんどん人が来るわけですから、お手上げ状態です。また、EUの端っこの海沿いにあるがゆえに、難民を自分たちばかりに押し付けられているのは不公平だという気持ちもあるでしょう。それに難民自身もなにもイタリアに留まりたいわけではなく、ドイツやスウェーデンなど、ほんとうは北の国へ行きたい。だから、現在、イタリアは、難民が不法に移動しても、見て見ぬ振りをしているという側面もあるようです。

とにかく、現在のEUの最大の問題は難民なのです。私は去年からずっと言い続けてきましたが、今年は絶対にたいへんなことになると思います。

ドイツも、海からは入ってこないとはいえ、それでもイタリアと同じく、難民はどんどん増え続けていますから、「いったいどうなっちゃうの?」と、みんなが不安になっています。その一方で、教会関係の人や一般の庶民のあいだには人道的な見地から「もっともっと難民を受け入れてやらなければいけない」という意見もあります。

昔だったら、難民審査などせず、秀れた技能者であればすぐに働いてもらって役に立ったわけですが、いまは数が圧倒的に多いし、技能をもっていない人が大部分ですから、入って来られたら、当面は国家がタダで養う以外、どうしようもありません。

それで、「受け入れてあげましょう」という意見と、「これ以上入れてはだめだ。審査を厳しくするべきだ」という意見が交錯して、去年の秋ごろから、受け入れ反対派の人たちがデモを始めました。話題になったのは「ペギーダ」(PEGIDA)というグループで、「西洋のイスラム化に反対する愛国主義欧州人」の略。最初は数千人というレベルの参加者が、暮れから今年の初めにかけて、一時、万単位に膨れ上がりましたが、あっという間に火が消えたように消滅してしまいました。ただ、おおっぴらに難民反対を叫ぶ人は減っても、危機感をもっている人は増えていると思います。最近では、難民が入る予定で用意されていた住宅に火がつけられたりという、あからさまな犯罪行為まであちこちで起こっています。主に旧東ドイツだった地域ですが。

西尾　難民の話に付け加えますと、私はかつてドイツの労働移民を見ていて、一九八七年から「日本は絶対に労働移民を受け入れてはならない」と警告を発し続けてきました。『労働鎖国」のすすめ』(『西尾幹二全集』第11巻所収)という本を書いたのが八九年です。そのときから言い続けてきましたが、移民問題と難民問題は根本的には同じだと思います。というのは、移民も難民も受け入れ国が原因を発生させているからです。難民というのはすでに自然発生していて、どこかに存在するのではなくて、先進国が、つ、く、っ、て、い、るのです。受け入れてもらえる可能性のある国の存在を知って、難民が発生するのです。そういう構造をしっかり見据えておかなければなりません。

難民問題では絶対に〝スキ〟を見せてはいけないのです。その点、ドイツは明らかに〝スキ〟を見せました。

ドイツの〝スキ〟には歴史があります。

一九六一年にベルリンの壁が出現して、東ヨーロッパや東ドイツから西ドイツに来ていた労働者が遮断されました。人手不足に陥った西ドイツは、最初、イタリアやユーゴスラビア、スペインなどから労働者を入れていました。みな、白人ですからそれほど問題はありません。それどころか、一〇〇万人目の外国人労働者がフランクフルト駅頭に降り立ったときは市長が花束をもって出迎えたほどでした。その意味で、ガストアルバイター（お客さん労働者）というのは西ドイツの戦後復興のシンボルのような存在でした。それくらい歓迎したわけです。ところが、その後、トルコから労働移民を受け入れるようになると、年々その数が増え、ついには深刻な社会問題と化してしまったのです。

年数を決めてドイツにやって来たトルコ人労働者が帰国しないばかりか、本国から家族を呼び寄せ、ドイツで子供まで生まれる。「ホロコースト」という傷をもつドイツですから、強引に彼らを追い返すことはできません。かくして、移民労働者という難題を抱えてしまったわけです。

〝スキ〟を見せると、つけ込まれてしまうのが移民問題であり、難民問題です。移民や難民の問題は人権問題でもなんでもないのです。人がより豊かなところに流れ込もうとするのは自然の当たり前な動きです。それをどう防ぐか？　移民・難民問題というのはじつは先進国側の防衛問題というべきです。

川口さんのお話をうかがっていて心配になるのは日本における中国人移民です。もちろん、朝鮮半島からの〝人の波〟も怖いですよ。北朝鮮になにかあったときは朝鮮半島から難民がドッと押し寄せて来るでしょう。ドイツの現状のように小学校の講堂に彼らを詰め込んだり、古い工場を壊して収容施設をつくったりということが、おそらく山陰側の一帯で起こるでしょう。そういうことを政府やお役所は考えているのだろうかと、私は心配しています。

しかし中国人移民はそれとは性質を異にしていて、もっと日本社会の内部に食い込んでくるはずです。私はそんな不安をひしひしと感じています。

川口　いま先生がおっしゃったトルコ人やイタリア人というのは労働者としてドイツに入ってきたわけで、最初は政府間の契約があったし、合法です。ところがいま流れ込んできている難民というのはそうではありません。アラブやアフリカの状況は貧しいだけでなく、あまりにも混乱している。だから、みな、最後の望みを託して、命がけでボロ船に乗って、逃げてくるのです。スキというよりも、あちこちで国家が消滅していることが原因だと思います。水が高いところから低いところへ流れるように、生き延びるために人間が流れてくる。もう止めようがないのです。

EUは明らかに「難民の悲劇」に責任がある！

川口　ＥＵというのは、一言でいいますと利己主義の塊です。自分たちだけが豊かになるためにつくられたものです。その豊かさを守るために、ＥＵという塀をつくって囲ったわけです。それをＥＵ以外の人が見たら、どう思うでしょう？　「あそこの塀さえ乗り越えれば豊かになれる。塀の向こうは花が咲き乱れ、木にはお金が生っている」と見えるのではないでしょうか。だから、一所懸命、ＥＵ域内に入って来ようとするわけです。

ドイツと日本を行ったり来たりしていて、ＥＵに入るときパスポート検査がありますが、私などはちょっと見せれば通れます。なんの問題もなく、「ハイ、どうぞ」です。でも、その〝壁〟をどうしても越えられない人たちが世界中には大勢いるわけです。日本人は意識しませんが、それが現実です。

そこで、ＥＵに入りたいけれど入れないという人たちは、それこそ命を懸けてゴムボートに乗り込んで……結局、地中海に沈むという事態が相次いでいるわけです。

西尾　この四月には難民を乗せた船やボートが沈没する事件が相次ぎました。想像するだに痛ましい出来事です。

川口　四月十八日、難民が鈴なりになった船がリビアからマルタ島に向かっていました。九〇〇人近くが乗っていたといわれていますが、そのうちの数百人は船倉に閉じ込められていたそうです。まさに奴隷船です。そこにポルトガル籍のコンテナ船が通りかかったものですから、甲板にいた難民たちはいっせいに船の片側に寄った。そのため船が傾き、沈没してしまったのです。たいていのアフリカ人は泳げませんから、助かったのはたったの二八人。そのほかの人は全員、水死した模様です。

その六日前の十二日にも、やはりリビア沖で難民ボートが沈没して、約四〇〇人が亡くなっています。

地中海では、四月の十八日間だけで少なくとも一五〇〇人が水死していることになります。この数字だって、確認できた沈没船の犠牲者数ですから、実際にはもっと多くの難民が地中海の藻屑(もくず)となって消えていると思います。信じられないほど頻繁に、遭難のニュースは流れます。

戦乱と貧困と飢餓と抑圧によって生きる道を失った人たちは、密航の斡旋(あっせん)業者に五〇〇〇ユーロから八〇〇〇ユーロというお金を払って、命懸けでヨーロッパ移住を試みているわけです。もちろん、みながそんな大金を払えるわけじゃない。人身売買まがいの犯罪も多く絡んでいるはずです。でも、みなが「ＥＵに行き着けば仕事があって、どうにか暮らしていける……」という最後の望みにすがっている。本当に地中海にはいま、奴隷船が行き交っているようなものです。

難民問題のむずかしさは、助ければ助けるほど、来ようとする人が増えることです。イタリア領のランペドゥーサ島は、チュニジアからたったの百キロ強と近いため、たいていの難民船はここをめざしますが、二〇一三年十月には、真夜中、この島のすぐ近くまで来ていた難民船に火がつき、三六六人が溺死（できし）するという事件がありました。それがあまりにも悲惨だったので、ＥＵの世論が難民保護に傾き、それを受けて、イタリア政府は救助態勢を整えました。そこまではよかったのですが、その結果、密航斡旋業者がにわかに勢いづいた。燃料をほんの少し積んで送り出せば、イタリア軍が救助して、黙っていてもイタリアに運んでくれることがわかったからです。結局、商売繁盛は斡旋業者ばかりです。

そんなこともあって、ドイツ政府は「難民救助の強化は悪徳業者のモチベーションを高めるだけだから逆効果だ」と主張していましたが、一か月弱で一五〇〇人もの難民が犠牲になったのを見ると、さすがにその主張を翻（ひるがえ）しました。――「難民が溺（おぼ）れ死ぬのはＥＵの罪ではないけれど、ＥＵには人道的な責任がある」というのが新しい見解です。

いずれにしても、当面は、なにをどうしても難民は尽きないと思います。助ければ助けるほど増えていくはずだけれど、助けないわけにはいかない。

こんな事態になった原因は西側にもあると思っています。ここで「西側」というのは、EUであり、NATO（北大西洋条約機構）です。

地の利、水の利もあって、多くの難民船はいま、リビアから出ているそうです。リビアの岸辺には、これからヨーロッパに密入国しようと思っている人たちが一〇〇万人はいるという。

ご承知のように、リビアは二〇一一年に内戦が勃発するまで、民主主義の国ではありませんが、アフリカ最大の石油埋蔵量を誇る豊かで安定した国でした。それが国家の体をなさなくなったのはNATOが介入して当時のカダフィ政権を倒してからです。リビアで国が消滅し、いま密航の基地となっているのです。そして、殺人事件の発生率はカダフィ政権時代のなんと五万倍（！）といいます。こうした現象にEUは責任がないといえるでしょうか？

なにが民主主義かと思いますね。

ますます強まる「ヨーロッパの閉鎖性」

西尾　それだけに、ヨーロッパ全体としてみれば、いまはどんどん「閉鎖文化圏」になっていっているのではないでしょうか。

川口　そうならざるをえない事情もあるわけです。いま申し上げた難民の問題もそうですし、移民問題も頭の痛い話なのです。

ご承知のように、ＥＵの国民であれば域内は自由に行き来できます。たとえばブルガリアのロマの人たちがドイツに入って来ると、彼らはＥＵ市民なので、その日から児童手当をもらえる。児童手当は、児童の保護という観点から、必ずすぐ支給される。そして、一、二か月もすれば、今度は生活補助費をもらう方法もある。移民としてドイツに入って来るロマが子供を五人連れて来ると、それだけでけっこうな額が手に入るわけです。五人分ではなく、一人分の児童手当だけでもブルガリアの田舎であれば一か月ぐらいは質素に生活できるかもしれません。

事情はイギリスも同様です。イギリスの児童手当がいくらか、私は知りませんが、ＥＵ市民にはそうした手当を払わなければいけないことになっています。職を探しているのに見つからないとなれば、いずれは生活保護費も払わなければなりません。イギリスは、そうした冗費は払いたくないといってＥＵ改革を提案しているのです。「ＥＵ域内の移民の社会保障費を制限したい」というのはイギリスの主張ですが、ドイツもおそらく心のなかでは同じことを思っているはずです。

西尾 思っているどころか、すでに手を打っているのではないですか？

川口 そういう手を打てないのがEUなのです。EUはEU域内での人の移動を認めていますから、労働移民はいくらでも入って来ます。入って来ると、それなりの援助が義務づけられている。国は次の日から児童手当を支払わなくてはならないのです。

西尾 それは堪(たま)ったものではないですね。

川口 ドイツの方針としては——EUは維持しておく。ユーロもそのままにしておく。だけれども、EU議会の権限は縮小したいと、そんな都合のいいことを考えています。そしてそれがイギリスの方針とピッタリ合っているわけです。

イギリスのキャメロン首相は「EUを変えなきゃいけない」「労働移動に制限を加えなければいけない」と訴えてEU各地を回っています。キャメロン首相が五月二十九日にベルリンにやって来たとき、メルケル首相は「意思のあるところには道がある」といってイギリスを讃えました。それにキャメロンがいたく感動して、「これはEU改革についてドイツが全面的に応援してくれるというシグナルだ」と宣伝しています。

西尾 イギリスのEU改革は、具体的にいえば人の移動を阻止するという話ですか？

川口　イギリスはEUといっても、例外的に国境検査をしている国ですが、EU市民の合法的移動を阻止することは、いくらなんでもできません。そうではなくて、法律や経済に関する主権を自分たちに取り戻し、主に経済協力でまとまっていこうと考えています。要するに日本がFTA（自由貿易協定）やEPA（経済連携協定）でやっているような範囲のみに限定しておこうという意見です。社会保障を目当てにやってくる他のEUの人たちを養う気もない。「EUの法律を緩和し、各国が主権を取り戻す」というのがイギリスの基本的な主張です。

西尾　ドイツもそういう考えなのですか？

川口　表立ってそういっているわけではありませんが、本音は絶対にそうです。

西尾　でも、それだったらEUをつくった意味がなくなりますよ。

川口　いまになって、それに気づいたんです。

西尾　遅いよ、それは。そんなこと、最初からわかっていたことじゃないですか。

川口　先生は最初からそうおっしゃっていましたね。

西尾　私は、「EUはいつか必ず壊れる」と書きました。そのとき、あなたは反対したけれども（笑）。あれは何年前だったかなア。

川口　先生が「ユーロがマルクに戻る」とおっしゃるから、私は「それは絶対にない」と申し上げたわけですが、先生のほうが先見の明がおありだったということです。ＥＵよりも、まずユーロが危ない。

西尾　エゴイズムは必ず復活するのです。人類の宿痾（しゅくあ）です。いちばんいけないのはＥＵの枠を広げたことです。当初、ＥＵの前身であるＥＣ（欧州諸共同体）はドイツ、フランス、イタリア、ベルギー、オランダ、ルクセンブルクの六か国でスタートしたのです。それをそのまま続けていればうまくいったに違いありません。ところが、その後、加盟国をどんどん拡大したからいけないんです。マルタ島まで入れちゃったわけですから。

川口　メルケル政権になる前のシュレーダー時代には、もっと拡大しようとして、当時はトルコも入れるといっていたんですよ。

西尾　トルコは結局、宗教が違うから入れなかった。

川口　トルコもトルコで、ＥＵに入るための条件をクリアしようとして、当時は一所懸命やっていたのですが……。

西尾　おもしろいのは、そのトルコがいま、「ＥＵは魅力がないから、もう入りたくない」と言い出したことです。

川口　トルコはアラブの盟主になろうとしているのだと思います。イラクのサダム・フセイン大統領もいないし、リビアのカダフィ大佐もいませんから。

西尾　トルコはそもそもオスマン帝国ですしね。

川口　いま、トルコよりEUに入りたがっているのはウクライナです。

西尾　それが問題なのです。ウクライナがEUに入りたがっているというのは、つまり、ドイツ・システムに参画したい、経済的向上を果たしたい、ということです。それはしかし、同時にロシアの権益を侵すことになる。やりすぎては危ないんです。

昨年二月のあの政変のとき、ドイツがそれをやってしまった。アメリカが賢くて「ちょっと待て」と、ドイツを牽制(けんせい)していればいまのような大騒ぎにならなかったわけですが、アメリカは逆にけしかけたものだから、ロシアは追い込まれて反撃に出ざるをえなかった。

川口　ただし、ドイツにはいまロシアとの関係を修復したいという意思があります。そうかといって、あまり表立って行動することはできないから、裏で握手の手を差し伸べているのが現状です。第二章でお話ししましたように、ロシアの戦勝記念日の招待には欠席しても、その翌日、メルケル首相がモスクワに飛んでプーチン大統領と無名戦没者の墓地に花輪を捧げています。また、シュタインマイヤー外相などは「ロシアには主要国首脳会議に戻ってもらって、G7をG8にすべきだ」と明言しています。

西尾　でも、EUにヒビが入りかけているヨーロッパは、人口的に見ても広がりのようなものが感じられませんね。

一九八八年に、私は「〝日本の友〟シュミット前西独首相に反問する」（『西尾幹二全集』第10巻所収）という論考のなかで、こう書きました。

> 現在、世界で二十位までの人口保有国の中には欧州から四カ国（英仏伊独）が入っているが、二〇二〇年には一カ国も残らないと算定されている。今世紀の初頭に世界の二十大都市の中に欧州の都市は十あった。現在は二つ（ロンドン、パリ）だけで、二十一世紀になるとひとつもなくなってしまうといわれる。

いまは、どうでしょう？　想定されていたとおり、「国別人口ランキング」の二十位以内にヨーロッパ諸国は一国しか入っていません（別表Ⅳ参照）。また、「都市別人口ランキング」では辛うじてロンドンが二十位以内に踏み止まっていますけれども、パリは三十位以下に姿を消しています（別表Ⅴ参照）。

こういうデータを見ても、ヨーロッパの人たちが「ヨーロッパ」を特別視するのは大きな間違いであることがわかります。ヨーロッパはいまや〝黄昏時（たそがれどき）〟に入っているのですから。

ところが、彼らはなかなかしたたかです。私が「ヨーロッパの閉鎖性」（『西尾幹二全集』

表Ⅳ　世界の人口ランキング

順位	名称	単位： 1000万人	前年比		地域
1	中国	1,367.82	→	−	アジア
2	インド	1,259.70	→	−	アジア
3	アメリカ	319.05	→	−	北米
4	インドネシア	251.49	→	−	アジア
5	ブラジル	202.77	→	−	中南米
6	パキスタン	186.29	→	−	アジア
7	ナイジェリア	173.94	→	−	アフリカ
8	バングラデシュ	158.22	→	−	アジア
9	ロシア	143.70	→	−	ヨーロッパ
10	日本	127.06	→	−	アジア
11	メキシコ	119.72	→	−	中南米
12	フィリピン	99.43	→	−	アジア
13	エチオピア	90.98	↑	+1	アフリカ
14	ベトナム	90.63	↓	-1	アジア
15	エジプト	86.70	→	−	アフリカ
16	ドイツ	81.10	→	−	ヨーロッパ
17	コンゴ（旧ザイール）	79.30	→	−	アフリカ
18	イラン	77.97	→	−	中東
19	トルコ	76.90	→	−	中東
20	タイ	68.66	→	−	アジア

出所：BBCワールド・サービス

表V　都市別人口（人口500万人以上）（国際比較）

順位	地域	国（調査年）	都市	人口（単位：1,000人）
1	アジア	中国(00)	◎北京（ペキン）	19,610
2	アジア	中国(00)	上海（シャンハイ）	14,349
3	南アメリカ	アルゼンチン(10)	◎ブエノスアイレス	13,047
4	アジア	インド(01)	ムンバイ	11,978
5	ヨーロッパ	ロシア(10)	◎モスクワ	11,514
6	南アメリカ	ブラジル(10)	サンパウロ	11,152
7	アジア	トルコ(07)	イスタンブール	10,823
8	アジア	韓国(11)	◎ソウル	10,039
9	アジア	インド(01)	デリー	9,879
10	アジア	中国(00)	重慶（チョンチン）	9,692
11	アジア	インドネシア(10)	◎ジャカルタ	9,608
12	アジア	パキスタン(98)	カラチ	9,339
13	アジア	日本(10)	◎東京都（特別区部）	8,946
14	北アメリカ	メキシコ(10)	◎メキシコシティ	8,851
15	アジア	中国(00)	広州（クワンチョウ）	8,525
16	南アメリカ	ペルー(07)	◎リマ	8,473
17	北アメリカ	アメリカ合衆国(09)	ニューヨーク	8,392
18	アジア	中国(00)	武漢（ウーハン）	8,313
19	ヨーロッパ	イギリス(01)	◎ロンドン	8,278
20	アジア	イラン(06)	◎テヘラン	7,804

◎：首都を示す

出所：総務省「世界の統計2013」

第10巻所収）という論考を書いたとき、ドイツのバイエルン放送がそれを翻訳してラジオで流してくれることになりました。そのとき、「ヨーロッパの閉鎖性」というタイトルがどう訳されたかというと、〝Die Exklusivität Europas（ディ・エクスクルシヴィテート・オイローパス）〟となっていました。初め私はとくになにも思いませんでしたが、あるときふと、「閉鎖性」という言葉は〝die（ディ・）Verschlossnheit（フェアシュロッセンハイト）〟としなければならないことに気づきました。

川口　そうですね。〝die Exklusivität〟というと、褒めているみたいですもの。

西尾　〝die Exklusivität〟というのは、たしかに「排他的」という意味もありますが、同時に「高級な」とか「高貴なる」という意味で使われます。ドイツでは、ブランド品や高級ファッションの広告にしばしばこの〝exklusiv!〟という形容詞を見かけます。それに気づいたとき、私は「してやられた！」と思いました。ドイツ人の訳者にはめられたのです。私の意図した「ヨーロッパの閉鎖性」批判は、「高貴なるヨーロッパ」というニュアンスに変えられてしまったのです。

そういうしたたかさが彼らにはあるんですね。

第六章　東へ拡大する「ドイツ帝国」の狙い

「ロシアに代わって東ヨーロッパを支配する国」ドイツ

西尾　私は雑誌『Voice』の二〇一二年六月号に「ありがとうアメリカ、さようならアメリカ」という論考を発表しました。そのなかで、ドイツがEUの成立に熱心だったのはなぜかという問題を提起して、次のように書きました。

西ヨーロッパではソ連が崩壊してもNATO（北大西洋条約機構）は崩壊せず、東欧や中欧に民主制度と自由市場を拡大させるという表向きの理由で軍事コミットメ

> ントは継続された。西ヨーロッパの側に当初、これを歓迎する空気もあった。アメリカの真意は統一ドイツの出現によって、ヨーロッパに再び各国が力を張り合うバランス・オブ・パワーの不安定な外交政治が出現するのを怖れるという、平和維持の超大国としての役割意識もあったと考えられるが、実際には統一ドイツをNATOにつなぎ止めることによって、その独自の強力外交や核武装を阻止しようという思惑が本当の目的だった。

そういって、まず、アメリカが統一ドイツの「力」を怖れていたことを指摘しました。
それに対してドイツはどう考えていたか、を次のように表現しています。

> 　ドイツがEUの成立に熱心で、不利益を蒙（こうむ）っても忍耐づよいのは、ナチの歴史を抱えたこの国は己れの国家意志を打ち出すにはヨーロッパ全体の名において行なうしか方法はないが、いつの日にかゲルマンはこの方法でアングロ・サクソンに打ち勝つという粘り強い長期戦略に支えられているのだと私自身は見ていた。

以上のとおり、アメリカの思惑とドイツの野望を描いたわけですが、つい最近、フランス人のエマニュエル・トッドの『「ドイツ帝国」が世界を破滅させる』（文春新書）という本が出て、それを読んでいましたら同じような見方がなされていたので、おもしろいと思いました。

トッドという学者は、「ドイツ帝国」はいま東へ東へと拡大していると指摘しています。ロシア嫌いのポーランド、バルト三国、スウェーデンはすでにドイツ圏に入り、ウクライナもそこへ入りたがっている。他方、スペインやイタリア、ギリシャといった国々はドイツのいうとおりにせざるをえなくなっている。イギリスとハンガリーはドイツ圏を離脱する方向に向かっている、と。

そんなおもしろい現状分析がなされています。

考えてみれば、東へ延びていく政策はドイツが昔から採ってきた基本方針です。ヴィルヘルム二世もそうだったし、ヒトラーもそうでした。ドイツから東へ東へと、版図を広げようとするのはドイツ人の本能みたいなものです。

本文から一、二か所、引用してみます。

最近のドイツのパワーは、かつて共産主義だった国々の住民を資本主義の中の労働力とすることによって形成された。（中略）

つまり、ドイツ経済のダイナミズムは単にドイツのものではないということだ。ライン川の向うの我らが隣人たち（フランス人のトッドから見てドイツ人・西尾注）の成功は、部分的に、かつての共産圏諸国がたいへん教育熱心だったという事実に由来している（ドイツ企業が依存したポーランドやチェコやリトアニアなどの旧共産主義国語圏の労働者は教育水準が高く、賃金が安い・西尾注）。

いずれにせよ、ドイツはロシアに代わって東ヨーロッパを支配する国となったのであり、そのことから力を得るのに成功した。

ロシアはかつて、人民民主主義諸国を支配することによって却って弱体化したのであった。軍事的なコストを経済的な利益によって埋め合わせることができなかったからだ。アメリカのおかげで、ドイツにとって、軍事的支配のコストはゼロに近い。

（「ドイツがヨーロッパ大陸を牛耳る」）

フランスとフランスの経済システムの自主的隷属。そしてフランスのエリートたちがおそらく彼らにとって（中略）ユーロという金ピカの監獄を受け入れたという事実。フランスの銀行は、この金ピカの監獄の中でなんとか生き延びている。フランスは六五〇〇万人の住民をドイツ圏に付け加える。ドイツ圏に、大陸のスケールの中でひとつの限界を越える人口の塊を提供しているわけだ（ほとんど二億人の規模・西尾注）。ということは、われわれはすでにロシアや日本の規模を越えているわけだ。（同上）

といって、ドイツ圏が膨大な人口を抱える〝大国〟になったことを示す表を載せています（別表Ⅵ参照）。

フランス人のエマニュエル・トッドは、自国がドイツ圏に組み込まれていることを《自分の属するネイションの自律性の消滅に直面している》（同上）と表現しています。

では、そうした「ドイツ帝国」はいかなる考えをもっているのか。

ドイツ経済界のトップたちは、ユーロの死が彼らを危険に陥れることをよく理解しています。ユーロがなくなれば、フランスやイタリアが平価切下げに踏み切る可能性をふたたび手に入れますからね。そうすると、それらの国の企業がドイツ企業に対しても競争力で上回るかもしれない。ですから、ドイツ経済界のトップたちの振る舞いは合理的かつ実際的です。彼らの意向はユーロの救出であり、アンゲラ・メルケルはそれに従う。

表Ⅵ　アメリカvs.「ドイツ帝国」：人口

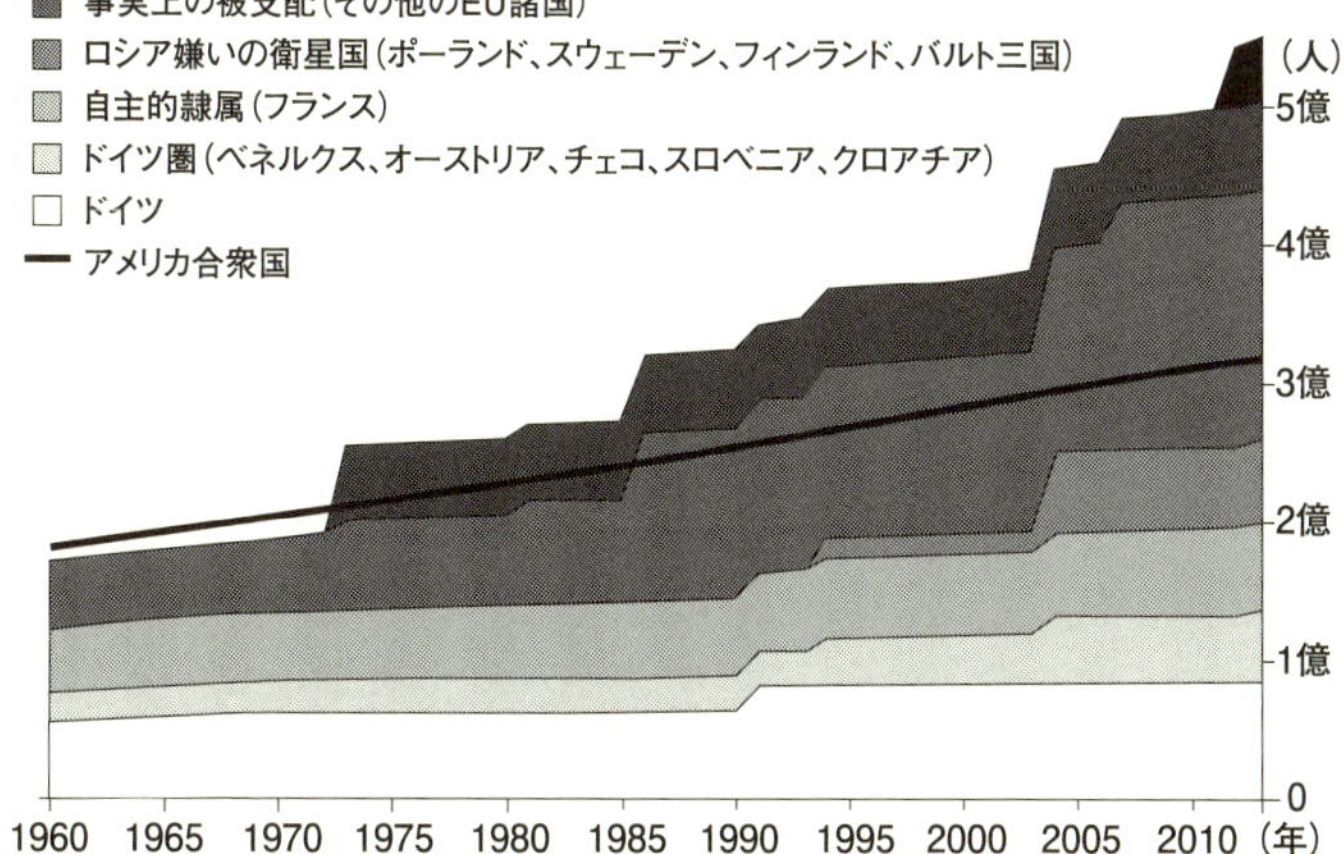

出所：EU統計局&Census Bureau

（「ドイツとは何か？」）

この見取図はかなりの程度、当たっているのではないかと思います。

実際、いまEUにヒビが入り始めているのは、ギリシャの問題でもなんでもなくて、ドイツのパワーの増大に他の国々がついていけなくなっているからです。経済的な競争力のある国も、そうでない国も、同じ「ユーロ」という通貨で経済を営むわけですから、EU圏内ではどうしたってドイツの独り勝ちになってしまいます。フランスももうすでに太刀打ちできなくなっています。

フランスとすれば、ユーロをやめ

てフランを独立させたいと思っているはずです。独立すれば自分の都合で平価切り下げができますから、楽になれます。イタリアのリラも同様です。ユーロをやめて各国固有の通貨に戻れば、一時的に貧しくなっても、産業も復活する。フランスなどは「そうなればドイツを追い越せる」というくらいの自信をもっているのではないでしょうか。しかし現実は、ユーロというシステムのなかに組み込まれているために通貨の切り下げはできません。

そこで、輸出力をもったドイツだけがユーロの恩恵を受け、ドイツの独り勝ちが続くというわけです。トッドも「ドイツ経済界のトップたちは、ユーロの死が彼らを危険に陥れることをよく理解しています。彼らの意向はユーロの救出であり、アンゲラ・メルケルはそれに従う」といっているのはそのためです。

では、アメリカはこうした状況をどう見ているのか？　世界中もアメリカの出方を見守っていると思いますが、アメリカはいまロシアを敵に回したら非常に具合が悪いと考えているに相違ありません。現在の世界的パワーの根源はアメリカ、ロシア、ドイツ、中国、日本の五か国ですから、アメリカとしては、〝蜜月状態〟が続いているドイツと中国が手を結ぶ前に、ロシアと対立してしまうのはまずいのです。さっそくケリー国務長官がモスクワに行って、経済封鎖の緩和を言っていますね。五つのパワーが今後どうなるかということを考えると、アメリカの立ち位置というのは非常に複雑かつ微妙であるように思えます。

中国の高速鉄道の車両買い入れを発表したドイツの〝怪〟

西尾　いまざっと申し上げたような構図から考えると、川口さんにはどんなことが見えてきますか。

川口　いまおっしゃったアメリカ、ロシア、ドイツ、中国、日本が今後どのように組むか、あるいは敵対するか、という点について真っ先に思い浮かぶのは、ドイツと中国は敵対する材料がほとんどない、組む可能性のほうがはるかに高いということです。

西尾　ヨーロッパ全体がそうなんです。ヨーロッパ全体が中国と組むことにまったく抵抗を感じていない。だからこそ、日米の予想を覆してヨーロッパ諸国がこぞって中国主導のＡＩＩＢ（アジアインフラ投資銀行）に参加したわけでしょう。

川口　そのなかでも、とりわけ抵抗感のないのがドイツです。現在、ＥＵ議会の議長はシュルツというドイツ人ですが、彼なんて、「もっと多くの国がＡＩＩＢに参加することが望ましい」と言っているぐらいです。

二〇一一年からドイツと中国のあいだで「二国間政府サミット」が定期的に開催されていることはすでにお話しいたしましたが、中国がお金を出して世界中あちこちで運営している「孔子学院」という語学学校＋文化センターもドイツでは非常に深く食い込んでいます。あれは中国教育省の下部組織である「中国国家漢弁」というところが仕切っていて、世界百五か国に三百五十八校つくられ、ドイツにも十三校あります。それがいま次第にドイツの国立大学のなかに取り込まれ始めているのです。

親中派の学者は、中国の大学の客員教授などの肩書の他、研究のサポート、中国での自由なフィールドワークといった具合に、さまざまな特典を得ています。その効果にはじつに著しいものがあって、中国の四つの大学の客員教授の肩書をもつあるドイツ人学者など、中国における民主主義について訊かれたとき、なんとこう答えているほどです。――「西側の民主主義と較べて、なに一つ差を見つけることはできない」と。ドイツのシュレーダー元首相も、以前、ロシアの民主主義のことを、「虫眼鏡で見ても傷を見つけることのできないほど完璧（かんぺき）な民主主義」と言いましたが……。

最近のニュースでいえば、ＩＣＥ（インターシティ・エクスプレス）というドイツ高速鉄道で使う車両を「中国から輸入する」という発表がありました。

ＩＣＥというのは日本の新幹線と並ぶ位置づけで、その車両はこれまではだいたい自国のシーメンス社が製造していました。シーメンスとドイツ鉄道のあいだでいろいろ問題があったことは事実ですが、中国の車両を輸入するというのは信じがたいニュースでした。

西尾　シーメンスとのトラブルというのは、たとえば、どんな？

川口　シーメンスが納期を守れなかったとか、ＩＣＥは暑くなるとクーラーが故障し、寒くなると架線が凍りつくとか、そんなトラブルです。しかし、いくらトラブルがあったとはいえ、今後、中国高速鉄道の「和諧号（わかいごう）」を輸入するというのはちょっと……。新幹線のような超高速の列車といえば、ものすごく高度な技術を求められるわけですから、中国の高速鉄道に人命を委ねていいのかと、日本人ならまず不安に思うでしょう。

中国が北京～上海高速鉄道の列車を準備していたとき、中国の工業技術では時速三百五十キロを超える軌道機関車を製造することはできなかったんです。そこで中国鉄道部は大金を投じてドイツの機関車を買い、さらにドイツ人技師から組み立て技術や高速鉄道の知識を仕入れたわけです。そんな中国の車両を輸入して大丈夫なのかという不安は大いにあります。

それから、中国の高速鉄道は日本の技術を取り入れているわけですが、そのあたりの権利関係はクリアできているのかという疑問がもう一つ残ります。

西尾　川口さんがそう思われたというだけでなく、中国から高速鉄道の車両を買うことを疑問に思うという論調は出ないのですか？

川口　第一報が数日前のことでしたので、そのような論調はまだ読んでいません。ただ、ドイツ鉄道の幹部のコメントとして、「メイド・イン・チャイナという言葉が粗悪品を意味した時代はもう過ぎた」と書かれていました。

西尾　いや、それはお粗末な見方だ。お粗末すぎますよ。

川口　ドイツと中国の関係がすごくいいということは、これまで私は何度も書いてきました。中国という巨大なマーケットにドイツ企業がどんどん入り込み、さらに入り込もうとしているのは紛れもない事実です。また、中国はドイツのエアバスを五十機、百機と買ってくれるし、ドイツにすれば大の〝お得意さん〟です。今度の中国車両の買い入れはそれに対する〝見返り〟でしょうか。ただ、まだ認可が出たわけでないので、ひょっとすると、安全性かなんかでひっかかる可能性はあります。

いずれにしても、ドイツと中国というのは歴史的にもあまり確執がありませんから、メンタルな面で問題はないわけです。

西尾　さっきお話しになった孔子学院は中華・共産主義のプロパガンダ機関で、カナダ他で総スカンを食らっているはずです。ドイツの対中盲目ぶりにはただただ驚きますが、これには歴史的背景もありますね。昭和八年（一九三三年）には、ドイツの元陸軍参謀総長ハンス・フォン・ゼークトが上海に赴き、経済および軍事に関する蔣介石の上級顧問となっています。ほとんど戦闘能力のなかった国民軍の将兵たちを訓練したり、当時の最新式の武器を導入したりして、日本軍との戦いを準備したんです。ドイツによる中国への軍事支援は日独防共協定（昭和十一年／一九三六年）が締結された後も続いていましたから、中独の関係というのはじつに深いと同時に、当時の日本からすればじつに怪しからん話でした。

川口　人命にかかわるような高速鉄道の車両まで輸入するのですから、ドイツ人の中国人に対する信頼は、私たちが思っているよりずっと厚いのかもしれませんね。

西尾　だって、中国では二〇一一年（七月）、高速鉄道が衝突事故を起こして大惨事になったでしょう。しかも、事故にあった車両は事故現場の高架下の土の中にすべて埋めてしまって、その後、事故原因の究明はいっさいなされていません。

原因を究明するのではなく、事故車両を慌てて地下に埋めてしまったわけですから、世界的ニュースでした。あれから四年しかたっていないのに、どうしてドイツ高速鉄道はそんな中国の車両を買うことにしたのか？　川口さんならずとも、まったく理解できません。だいたい、新幹線が代表する高速鉄道の歴史は日本のほうがはるかに古く、しかも新幹線は開業以来五十年以上、車内自殺以外に、死亡事故を起こしていません。ドイツの人たちはそういう情報を聞いていないのでしょうか。

イギリスの高速鉄道は二〇一二年に全面的に日本の車両を導入することを決定していま

す。そして今年の三月、日立製作所が製造した車両が陸揚げされました。四月からは走行試験を始めて、夏に完成するイギリス国内の工場では百十編成分の車両を製造する予定になっています。

川口　そうですか。イギリスのほうがずっと賢明ですね。

西尾　ドイツは中国に関して浮き足だっているんです。それは間違いない。とすれば、その背景にある動機をもっと考えなければいけません。

たくさんの技術者が、あるいは大勢の知識人がドイツから中国を見ているはずです。中国に行った人も多いはずです。そうすれば、いろんなことが見えてくると思うのです。政治体制の劣悪さ、法意識の欠如、市民を脅(おびや)かす空気、水、土壌。あの国に砂漠化を引き起こしているのは、環境に関する法を守ろうとしない、最低の節度ももっていない中国人の倫理性の欠如であることがわかると思うんです。あるいは、ナチスに匹敵するような残虐な人体実験などが行われていること。さらにはチベット併合や情報統制、考えられないような体制が敷かれていることに関しては、日本では情報は行き渡っていますから嫌悪感が漲(みなぎ)っています。

先ほどご紹介したエマニュエル・トッドも《中国はおそらく経済成長の瓦解(がかい)と大きな危機の寸前にいます》(「ユーロを打ち砕くことができる唯一の国、フランス」)とはっきり語っています。どこの国においても、中国はこれから弱体化していくに違いないという観測が一般的だと思うのですが、ドイツではそういうコメントは見られないのですか？

川口　ほとんどありません。それどころか、例の高速鉄道の事故だってまともに報道されなかったように記憶しています。

西尾　あの事故はテレビで世界的に流されたはずですよ。

川口　もちろん、ニュースのアルヒーフを探せばあるのでしょうが、日本でいえばＮＨＫの「七時のニュース」みたいな一般的なニュースではいっさい報じられなかったと記憶しています。

西尾　一般の人は知らなくても、知識人や技術者は警告を発したり書いたりしませんでしたか？　それほどドイツは中国に関して盲目的なんですか？

川口　おそらくそうなんでしょうね。そうでなければ、高速鉄道の列車は買いませんね。あ、あるいはひょっとすると、シーメンスを脅かして、ハッパをかける作戦かも！　さらに言えば、ドイツでは中国に都合の悪いニュースはあまり報道されない。七月初めの中国の株式市場の混乱もほとんど報道されなくて、あれには、私たちドイツにいる日本人は首をかしげました。

西尾　それは驚きですね。世界中の目が中国の経済不安に向いているときに、ドイツ国民は目隠しされているのでしょうか。びっくりですよ。さもなければ中国の高速鉄道の車両を買うなんていう、とち狂った決定もしないでしょうね。

中国の高速鉄道を導入するといっていたメキシコは先ごろ（二〇一五年一月）契約を破棄しました。契約破棄の背景には中国によるペニャ・ニエト政権への贈賄疑惑が一大スキャンダルに発展したこともあるようですが、やはり中国製の高速鉄道は危ないという真っ当な判断もあったと思います。

川口　その点、ドイツの飛行機も自動車も、中国では飛ぶように売れていますから、商売第一なのでしょう。それに人権問題や汚職も、なにも中国だけの問題ではないし、鉄道事故だって、先進国でもちょくちょくある。日本だって、人権に問題のある国、たとえば、アラブ諸国やらロシアやら、いろいろな国と貿易をしているじゃないですか。だから、感覚としては、それと同じなのかもしれません。ドイツ産業の中枢をなすハイテク企業は揃って中国市場で大儲（おおもう）けしていますから、中国の機嫌を損ねてはいけないというのがドイツの基本姿勢でしょう。世界では、フランス人のことを「頭は左で、財布は右」と言うそうですが、どうやらこれはドイツ人も同じです。

軍拡に乗り出したドイツ――これだけの徴候

西尾　さてそこで、大国化するドイツというテーマに戻すと、なにかそうした徴候は見られますか?

川口　第三次メルケル政権以来、ドイツ連邦軍の装備の問題が取りざたされ、議論が噴出するようになってきました。

西尾　装備を新しくするとか、そういう話ですか。

川口　はい。たとえば、いま問題になっているのはG36という銃です。これはドイツ連邦軍が一九九六年から標準装備として使っている自動小銃です。製造元は私が住んでいるバーデン=ヴュルテンベルク州にあるH&K社といいます。世界的にも有名な銃器メーカーです。

ドイツ連邦軍は過去二十年間にこのG36を一七万六五四四丁購入して、現在も一六万六六一九丁が使用されています(ドイツ国防省の発表)。G36はドイツ国内だけでなく、世界各国にも輸出されていて、とくに特殊部隊で使われているといわれています。どうしてかといいますと、G36には強化プラスチックが使われているため、わずか三・五キロと軽いからです。

ところが、いまドイツで、これが「欠陥商品だ」として大問題になっています。熱くなると照準が狂うというのです。熱帯の地方で使った場合の話ではなく、射撃による過熱でも照準が狂ってしまうそうです。

このニュースを聞いて、私が思ったのは、どうしてそんな銃が二十年も使われてきたのか、ということでした。なぜいまごろ急に問題になったのか？

このニュースを整理すると――「G36に技術上の問題がある可能性が高い」と、女性初の国防大臣ウルズラ・フォン・デア・ライエン女史が発表したのが三月の末でした。これによって初めてG36の欠陥問題が国民の耳に入りました。

ドイツ連邦軍が自動小銃に求めている精密度は九〇％です。ところがG36は気温が十五度から四十五度に上昇すると、命中率は七％にまで落ちてしまうというのです。二個の弾倉（計六十発）を撃ち続けた後は弾がまっすぐに飛ばない。つまり、敵を狙ってもまともに当たらない。「このような重要な欠陥がある武器は、作戦上、限定的にしか投入できない」というのがフォン・デア・ライエン国防相の発表でした。

製造元のH&K社がこれに激しく抗議したことはいうまでもありません。「わが社の製品は一〇〇％信頼できる」というのが彼らの言い分で、連邦刑事局にこの件の解明を要請するとも表明しています。そして、こんなコメントを出しています。――「そもそもこの調査は、G36を使用する状況が変わっていることを考慮していない。独身のときにオープンカーを買って何年間も乗り回しておきながら、結婚して四人の子持ちになった後、『この車は役に立たない』と文句をいうようなものだ！」と。あまりいい喩えとは思えませんが、腹を立てていることだけはわかります。

では、実際はどうなのかというと、去年、「イスラム国」と戦うためにドイツ政府から武器援助をしてもらった北イラクのクルド兵は「G36はたいへんいい武器だ。できればもっと欲しい」といっているそうです。

そうこうしているうちに、ドイツ連邦軍のスポークスマンが「大臣は武器の専門家ではないので、G36を十把ひとからげに不適格と決めつけるのは妥当ではない」と、訂正とも取れるような発表をしました。どうやら、国防省の内部でも意見が割れているらしいのです。

そもそもドイツ連邦軍では、大連立がなった二〇一三年の十二月以来、突然、装備の欠陥が指摘され始めました。たとえば、ドイツがイギリスなどといっしょに開発した最新戦闘機「ユーロファイター」には不具合があるといって年間飛行時間を現行の三千時間から千五百時間に半減させたり、戦闘ヘリコプター「ティーガー」三十一機のうち、戦地に投入可能なものは十機しかないと表明したりしています。

では、いま軍備のさまざまな欠陥や老朽化問題が次々に指摘され始めたというのは、いったいなにを意味しているのでしょう？　G36をお払い箱にして、最新鋭の武器を開発したり購入したりしようというのは、明らかに「これから軍備を拡張しよう」というドイツ政府の意思表明です。それは間違いないと思います。結局、四月にフォン・デア・ライエン国防相が「ドイツ連邦軍においてG36には未来はない」と宣言し、政府も連邦軍もすでに代わりの武器を入手する方法を考えているようです。

西尾　その目的は？

川口　やっぱり、軍事的な脅威への備えだと思います。

それからもう一つ、「軍事費を増やす」というと叩かれますので、あくまで故障とか欠陥の問題にしているのではないしょうか。

西尾　大国化するドイツは軍事面でも積極的になってきたということですね。

川口　いままではイスラエルには平身低頭していたし、アメリカに対しては〝兄貴分〟として立ててきましたが、そのアメリカに盾突くようなことをし始めました。CIA（米中央情報局）およびNSA（国家安全保障局）の局員だったスノーデン（現在はロシアへ亡命中）がアメリカの情報収集の手口を暴露したとき（二〇一三年三月）、メルケル首相をふくむドイツ高官のメールが読まれたり電話が盗聴されていたりしたことが判明しました。でも、そんなことは以前から周知の事実でした。十年くらい前にはそれがドイツの国会で問題になったこともあったのに、メルケル首相はあたかも初めて知った事実であるかのように、「友人をスパイすることはいけないことだ」といいました。いま、その騒ぎがさらに加熱しつつあることは、ご存じのとおりです。

西尾　他にどのような出来事がありますか？

川口　つい先日（六月一日）のことですが、シュタインマイヤー外相がパレスチナのガザ地区に行って、「イスラエルはガザを開放すべきだ」と発言しています。まさにイスラエルが嫌がる発言をしたわけです。イスラエルが嫌がるということはアメリカが嫌がることですから、これまでのドイツには見られなかった行動です。

西尾　ドイツがよく反ユダヤ的なことをできますね。

川口　ドイツは明らかに進化しています。

西尾　ドイツ自身が核武装する可能性はありませんか。

川口　それは絶対にありません。後でお話しするように、原子力発電所でさえだめなのですから、ドイツでは核武装なんて不可能です。

西尾　それでもドイツは武器の輸出大国ですよね。いま、世界で何位ですか。

川口　アメリカ、ロシアに次いで三位でしたが、現在は中国に抜かれて四位です。ただし、軍事費のほうは少なかったんです。武器輸出は企業が商売としてやっていたことですから伸びていましたが、軍事費のほうは冷戦が終わってから下がり続けて、二〇一二年には徴兵制も廃止しています。でもいまはその遅れを取り返すかのように軍事費増大の議論が盛んに行われています。

最新式大型潜水艦「そうりゅう型」売り込みに見る逡巡

西尾　川口さんのお話をうかがっていると、私には「ドイツは戦後を終わらせたな」と思えてきます。武器の輸出国になっても平然としているし、軍事的にも遠慮がなくなってきているように見えます。

日本も最近は少し、そうした動きを見せるようになりました。たとえば、「そうりゅう型」といわれる最新式大型潜水艦は性能が秀れているので、オーストラリア海軍がその導入を検討しています。オーストラリア海軍が買おうとしている新しい潜水艦には日本の他、フランスとドイツが手を上げていて、その選定手続きには最低でも今後十か月ぐらいかかると見られていますが、いちばん有力視されているのが日本の「そうりゅう型」潜水艦です。

これまでわが国は、①共産圏諸国向け、②国連決議により武器等の輸出が禁止されている国向け、③国際紛争の当事国又はそのおそれのある国向けに武器を輸出しないという「武器輸出三原則」に縛られていましたが、昨年（二〇一四年）の四月、これが撤廃されましたので、だいぶ動きが楽になりました。

ところが、ここへきてメーカーがあまり積極的ではないという情報が流れ、いささか先行きが読みにくくなってきました。たとえば、産経新聞グループの総合経済情報サイトである「SankeiBiz」の四月二十四日付には、こんな記事が載っていました。

日本製の採用は間違いないとみられていた最大５００億豪ドル（約４兆６４００億円）規模のオーストラリアの次期潜水艦受注の行方が混沌（こんとん）としてきた。豪州国内での建造を求める声の高まりを背景に、豪州政府が日独仏３カ国の中から選定する方針を表明。これを受け、欧州勢が現地生産方式を前面に出し攻勢を強めているのに対し、日本は受注を争う姿勢を見せていないためだ。

なぜそんなことになったかというと、「そうりゅう型」のメーカーである三菱重工や川崎重工に当事者意識が欠如しているからです。独仏で選定に名乗りを上げているのは企業ですから売り込みに必死ですが、それに対して日本は政府がオーストラリア側とやりとりしていますから、三菱重工や川崎重工は「お上がやるなら従います」というスタンスなのです。どうも腰が引けているんです。

ただし、オーストラリアの潜水艦にはアメリカ製の戦闘指揮システムを搭載することになっていて、アメリカ製システムは日本とは共用が可能ですが、ヨーロッパ製のものとの互換性が低い。そのため、システム面から見ると、「そうりゅう型」の優位は続いているようです。

それはともかく、いまの国会討論を聞いていていても相変わらずばかな議論ばかり繰り広げられていて、日本はまだ〝戦争後遺症〟が抜けていないないなと思います。ドイツと違って、戦後を終わらせていないな、という感想をもちます。

民主党など、かつての社会党に本卦帰り(ほんけがえり)したような議論ばかりです。議論のレベルでは自民党も大差ありません。びっくりしたのは、野党が「集団的自衛権を容認したことによって自衛隊員の戦死の可能性が高まった」と非難したとき、安倍総理が「危険性が増大する可能性はありません」と答えたことです。あの答弁は大いなる誤りです。安倍総理は「なにが起こるか私にもわかりません」というべきでした。自衛隊が出動する現場ではなにが起こるか現実にもわからないし、またなにが起こるかわからないから、「軍備」を考えるわけですから、「なにが起きるかわからない――それが軍事というものであります」と堂々と答えるべきでした。

川口 自衛隊は軍隊なんですから、戦地へ行けば、戦死者が出る可能性はあるでしょう。

西尾　それにもかかわらず、総理がはっきりといわない。私は失望したのです。総理は肚を据えて政策を進めていかなければいけない。そうでないと、集団的自衛権の弁解をしているようにしか聞こえません。

川口　どこの国の軍隊でも軍を派遣するときは必ず遺体を収納する袋を持っていく。それなのに、あたかも犠牲者など出ないかのように議論が進められていくこと自体がおかしいと思います。

西尾　それが戦後の日本という国なのです。

川口　ドイツでも、これまでは似たような傾向がありました。一人でも戦死者が出ると大騒ぎしたものですが、アフガニスタンで五十四人の将兵が亡くなるという実戦を経験してからはずいぶん変わりました。犠牲者を増やさないためには、良い武器が必要だと。

先ほどのG36の欠陥問題にしても、いろいろな論争が巻き起こっています。SPD（ドイツ社民党）などは、アフガニスタンにおけるドイツ兵、あるいはいっしょに戦っていた外国兵の戦死にG36の欠陥が関与していた可能性までもち出しています。照準が合っていれば多くの兵士は命を落とす必要がなかったかもしれないということです。そうした論議の本質は、突き詰めれば、「敵の頭や心臓を狙って撃ったのに、武器の欠陥のため命中しないのは困る」ということです。つまり、「いまのままではまずい。一発で殺せる武器を！」

とか、「いや、連発せずにしっかり狙って撃てば一発で殺せる」とか、要するに間違いなく殺せるか殺せないかの議論が行われているわけです。これはいままでのドイツではとても考えられないことでした。あたかも銃の性能の話のように装われていますけれど、じつは「これから強い軍隊をつくろう」というドイツ政府の意思表示です。今年の二月には、ロシアとの国境のところでNATOが、緊急時にすぐに攻撃できる部隊（rapid reaction force）を組織しましたが、そのリーダー格になっているのがドイツ軍です。しかも、これはまだ拡張するつもりでしょう。ロシアの脅威というのが表向きの理由ですが、とにかく現在、東ヨーロッパはキナ臭いので、ドイツの考えはそれだけではないはずです。脅威を覚えているのはロシアの方じゃないですか？

西尾　日本の国会では先日も、共産党の議員が「殺し殺される現場」という話を出して集団的自衛権を批判していましたが、あのとき安倍総理は「戦争というものはどういうものか、よくお考えください」とどうして正面切って答弁できなかったのか。それどころか安保法制でリスクが高まることはかえってありません、と火消し答弁ばかりです。

戦後を終わらせたドイツ、終わらせていない日本

西尾　先ほどの話に戻せば、ドイツは戦後を終わらせているけど、日本が終わらせていな

いということになります。

ナチスの〝犯罪〟を抱えたドイツはきわめて困難な戦後を踏み出し、フランスを代表とする周辺ヨーロッパ諸国の要求に屈してきましたが、エマニュエル・トッドもいっているように、もうフランスなどを振り切って自分の力でどんどんやるようになりました。

一方、日本の場合は「アジア諸国を解放した」と称しながらも、実際にいちばん解放されていないのは日本自身であるという状況に置かれています。いちばん気兼ねしなければならないのはアメリカだったと申し上げましたが、しかしそのアメリカとも最近はうまく協調できているように思います。そこにいまの日本の安定があるわけですが、しかし、それでも日本の戦後は終わっていないなと感じます。

私は、戦後は終わらせなければならないと思っているのです。そのためには、同盟国アメリカに日本の戦争の意義を説かなければいけない。いいかえれば、日本の戦争とドイツの戦争は違うんだということをアメリカにしっかり納得してもらわないとどうにもならない。いままでは中国、韓国を相手にしてきましたが、中韓両国とは議論になりませんから、これ以上相手にしても仕方がない。その代わり、日本の戦争の歴史とドイツの戦争の歴史は本質的に違うんだということをアメリカに認識させていく。いや、世界に認識させていく。これをやらなかったら絶対に日本は甦（よみがえ）らないと思います。

川口　非常に正論ですけど、むずかしいと思います。それに、これまで黙って忍んできたのはドイツも同じなのですから。

西尾　でも、ドイツはいつの間にか経済力を政治力に変えて、いままさに飛躍しようとしています。

川口　ドイツが経済力を政治力に変えることができたのは、おそらく利害を共通する多くの国と結びつくことができたからです。ところが、日本は利害を共通する国があまりにも少なすぎます。

西尾　そんなことはありません。ドイツは貿易立国とはいえ、経済的にはヨーロッパ諸国すなわちEUに閉ざされた貿易ですが、日本の商品はそれこそ全世界に行き渡って、はるかに広域じゃないですか。ヨーロッパともたくさん貿易をしています。ただ、それが政治力につながっていない。そこがちょっと……。

川口　たしかに政治力にはつながっていません。でも、敗戦国・日本の戦争の意義を戦勝国に認めさせるというのは、それはありえない話のように思います。

西尾　でも、やがて戦争が終わって百年たつんですよ。いまは戦後七十年で、この次、戦後が話題になるのは「戦後百年」を迎えたときでしょう。百年もたって、まだゴタゴタいう国があったら、そっちのほうがおかしいと思うべきです。

川口　第二章の議論を蒸し返すようですが、そこまでしつこいのが〝歴史〟というものではないでしょうか。前に話題になったアルメニアの問題なんて、百年たっていても必要になると持ち出して、いまだに「ジェノサイドだ」「そうじゃない」とやっているわけですから。〝日本の主張〟を世界に認めさせるというのは現実的にはむずかしいと思います。

西尾　それはそうかもしれないけれど、日本もしつこく主張していかなければならない。百年という時間的スパンを考えると、私はそんなにむずかしいことではないと思っています。

川口　ヨーロッパは日本からあまりにも遠いから、ヨーロッパ人はアジアの状況は全然わかっていないし、これまでの歴史だって、それほど知りたいとも思っていません。

西尾　たしかに、中国主導のＡＩＩＢ（アジアインフラ投資銀行）にヨーロッパ各国が参加するというのは、彼らが中国の実状をまるでわかっていない証拠です。

　中国から中央アジアを通ってヨーロッパへ鉄道を敷き、東南アジアからインド洋を経てアフリカ大陸へと至る海上ルートを開くという中国の「一帯一路」計画は夢をかき立てるかもしれません。しかしあれは中国共産党が生き延びるための政治的・経済的戦略構想にすぎません。中華冊封体制（ちゅうかさくほうたいせい）の金融版です。冷静に考えれば、そんなことはだれの目にも明らかでしょう。

げんに、いまの中国は鉄鋼やセメント、建材や石油製品などが生産過剰で、巷には失業者が溢れ、国内だけでは経済は回らなくなっています。中国のためのＡＩＩＢに欧州各国が飛びつくのはリアリズムが欠けています。中国の外貨準備高は二〇一四年に四兆ドルに達していますけれども、それ以降は急速に減少しているといわれています。中国の規律委員会は「腐敗幹部によって、一兆ドルは海外にもち出されている」としていますが、「じつは三兆七八〇〇億ドルが消えている」とする報道もあります。ＡＩＩＢというのは中国が他国のお金を当てにして自国の欲望を満たそうとする謀略にすぎないと、どうして見抜けないのでしょう。

もっとも、じつはヨーロッパ諸国もしたたかですから、ＡＩＩＢに参加したのは、じつはふたたびアジアに戻って植民地経営をやり直そうとしているんだという見方もあります。オランダなど、日本のせいでインドネシアの植民地経営に失敗したし、イギリス、フランスも、ともに日本との戦争に敗れてアジアから撤退せざるをえなかったわけです。するとその後、日本が総合商社という名においてアジア各地で貿易の手を広げていった。「してやられた」という思いは強いはずです。「ＡＩＩＢの実力はよくわからないけれど、じゃあ、この機会に中国のパワーを利用して捲土重来を期そうじゃないか」と、そう考える国が出て来ても不思議はありません。ヨーロッパ諸国は老獪ですから、それくらいのことは考えている可能性はあります。ヨーロッパの日本への冷淡さのほんとうの原因は、日本のおかげでアジアの植民地を失ったことにあると思っています。

ドイツはEUをどこへ引っ張っていくのか

西尾　さて、大国ドイツはEUをどういう方向へ引っ張っていこうとしているのか——次はそのお話を聞かせてください。

川口　前に、EUにヒビが入り始めているというお話がありましたけれども、いまEUを崩すいちばんの原動力となっているのは、ギリシャよりもイギリスではないかと思います。正確に言えば、崩すのではなく、変革するという意味ですが。

五月に行われたイギリスの総選挙は、「接戦」という前評判を覆してキャメロン率いる保守党が圧勝しました。それを受けてキャメロン首相が「これからEUの改革をしていく」と表明したのはご存じのとおりです。そして、EU改革がうまくいったかいかなかったかを国民に問うて、EUに留まるか、EUから抜けるかを二〇一七年までに国民投票によって決めることになっています。

選挙のあと、キャメロン首相はベルリンに来てメルケル首相と会談しています。そのとき、キャメロン首相がはっきりいったのは「イギリスがEUを抜けるかどうか、まったくわかりません。EUの改革次第です」ということでした。「イギリスは抜けるぞ」「抜ける可能性があるぞ」といって、ドイツにEU改革への協力を迫ったわけです。

イギリスがEUを脱退するのはドイツにとって、もちろん都合が悪い。イギリスが抜ければ、EUは間違いなく弱くなるし、アメリカへの重要なパイプを失うかもしれない。相対的に、フランスの力が強くなる。フランスは国連の常任理事国だし、核兵器も持っているし。ただ、ドイツはドイツで、イギリスの目的がEUの改革であり、脱退ではないことを見抜いています。イギリスの不満は、EU議会が力を持ちすぎていることなのです。機構が巨大で複雑になりすぎて、お金や時間、すべてにおいて無駄が多い。経済弱小国にお金が流れすぎていることも不満。イタリアに流れ着いた難民を引き取るなんて真っ平御免。このままいくと、自国のことも自国の法律で決められなくなる。だから、EUを改革したい。

しかし、じつを言えば、ドイツのほうもEUを改革したがっていると私は見ています。ただ、そうでなくても独り勝ちしているドイツがEU改革、それも、ドイツにさらに有利になるかもしれないEU改革を叫ぶわけにはいかない。実際には、イギリスとドイツ、これはイギリスの保守党とドイツのCDU（キリスト教民主同盟）という意味ですが、彼らは、EUにおいては利害の一致しているところが多いのです。だから、この際、イギリスに代弁してもらっているという側面が絶対にあると思います。

イギリスとドイツの利害が一致していることはなにかといえば、いま、申し上げたように、ＥＵの法律の力を削いで、自国の主権を取り戻すことです。イギリスの考えでは、貿易の自由化や労働市場の開放は残す。しかし、自国にやってきた職もないＥＵ市民を社会保障費で養うのはいやだと。現在、外交と軍事以外は、ほとんどＥＵの下でしか決められなくなりつつある。ドイツでも過去に、最高裁での判決が、ＥＵの裁判所に上がり、差し戻しで審議のやり直しになったというケースがいくつかあります。

最近、問題になったのは全線無料で知られているドイツの高速道路「アウトバーン」でした。ドイツはＥＵの真ん中にあるため、アウトバーンを多くの国の車がどんどん走り抜けて行きます。タダで走り抜けて行くわけですが、イタリアやフランスやスイスの高速道路は有料です。ＥＵができる前は主として利用するのがドイツ人でしたから、なんの問題もありませんでしたが、いまはよその国の車がどんどん走ります。道路の維持だけでもお金がかかるわけですから、ドイツとしてはかねがね有料化したがっていました。しかし、有料化すると、アウトバーンはタダだと思っているドイツ人から反発が出ます。そうかといってＥＵの法制上、ドイツ人は無料で、他のＥＵ市民は有料ということはできません。

そこでどうしたかといいますと、一応、利用者全員から通行料を徴収するという建前で、しかし、ドイツ人の分は自動車税を値下げすることによって実質的には負担ゼロにしました。そうすれば、他のEU市民からも道路使用料をとれる。賛否両論があったものの、最近、その法案が国会を通りました。まだ大統領が批准してないため、正式な法律になってはいませんが、そういう方向で落ち着きました。

すると、早くもEUの委員長が「これはEUの法律に違反する可能性がある」と言い出しました。EU裁の判決いかんで、ひょっとすると、「このやり方(自動車税との相殺)はまかりならぬ」ということになる怖れがあります。

こんなことが多々あるから、ドイツはもうめんどうで仕方がない。「どうして自分たちのことを自分で決められないんだ」という不満の声が渦巻いているのはたしかです。

そして、イギリスはまさにそれに異議を申し立てているのです。「EUの権限を制約して、もっと各国の主権を取り戻そう」というイギリスのEU改革案はドイツにとっても都合がいいはずです。だから、イギリスが脅すふりをすれば、ドイツ政府は脅されたふりをして、国民の目を少しくらましながら、イギリスの後押しをしようと、そういうカラクリなのではないでしょうか。

六月にイギリスのエリザベス女王が訪独しました。ドイツはかつての王族や貴族を廃嫡してしまったからか、庶民は王子様やらお姫様が大好きで、いつもイギリス王室のニュースには夢中です。八十九歳のエリザベス女王もすごい大人気で、上を下への大騒ぎでした。その女王が、ちゃんと晩餐会で、ＥＵの分裂はあってはならないとスピーチされたのです。もちろん、キャメロン首相も同行していました。イギリス人というのは、いまでも国益のためなら一致団結するすごい人たちですね。言いたいことは言うけど、イギリスのよいイメージを壊さないために、女王様まで担ぎ出す。

西尾　私が観測するかぎり、ＥＵないしユーロというものから最大の利益を得ているのはドイツです。だから、ドイツの指導階級ないし企業の代表たちはどんなことがあってもＥＵを壊してはいけないと思っているはずです。それはエマニュエル・トッドが「ドイツ経済界のトップたちはユーロの死が彼らを危険に陥れることをよく理解しています」と指摘しているとおりです。

それに対して、フランス以下の国々はドイツの独り勝ちを許したくないので、フラン（フランス）やリラ（イタリア）やペセタ（スペイン）に戻りたい。そのうえで平価切り下げができればドイツに十分に対抗できる。自分たちの生活レベルが多少下がっても、国全体は強くなると計算しているのではないでしょうか。

フランスなどは伝統的な露仏同盟ないし露仏協商の時代に戻ろうとしているように見えます。昔から、フランスがドイツの力を牽制するにはロシアの力を借りるしかなかったわけです。その同盟がまた繰り返されようとしたのが、例のミストラル級強襲揚陸艦「ウラジオストク」を二隻、ロシアに売ろうとした動きです。ウクライナ情勢をめぐる西側の対露制裁のため、納入は中止になりましたが、フランスがもしEUの制約を受けることがなかったら……ロシアに売却していたことでしょう。

ミストラル級の揚陸艦はヘリコプター十六機を搭載し、海兵四百五十人を輸送できますから、地域紛争を抱えているロシアとしては喉(のど)から手が出るほど欲しかったに違いありません。フランスだって、「ウラジオストック」艦をロシアに納入できれば、両国間の絆(きずな)はずっと強まります。フランスがEUという枠組みを邪魔に思っているだろうことは想像にかたくありません。

川口 イギリスとドイツはEUを解体したいと思っているわけでもありません。EUによる経済的利益と軍事的連帯は最大に享受しながら、主権を自分たちの手に取り戻したいと考えているのです。

西尾 そううまくいくでしょうか?

川口 EUの暴走を防ぐのがイギリスとドイツの共通の目的であることはたしかです。

西尾 さて、それはどうでしょう。というのも、英独では背景がまるで違うからです。イギリスはジリ貧で落ち目なのに、ドイツはむしろ上昇する国家です。両国ともEUを改革したいと考えている点では同じだとしても、背景と動機が違うのではないでしょうか。

第一、イギリスは背中からスコットランドに狙い撃ちされています。もし、もう一度、国民投票があってスコットランドが独立するようなことがあったら、イギリスは終わっちゃいます。一巻の終わりです。「イングランド」になってしまえば、もう国連の常任理事国をつとめる国でもなんでもなくなってしまいます。イギリスはほんとうに危ないところにきています。

もう一つ、シティの問題もあります。

国際金融の世界では「タックスヘイブン」とか「オフショア」とか、いわゆる〝裏金〟の世界がありますが、イギリスのシティはそうした世界と密接にかかわっています。二〇〇八年のリーマン・ショック以降、アメリカは世界の金融界の歪(ゆが)みを正し、不公正の闇をなくそうとしていますが、イギリスはそうではありません。国家ぐるみでアングラ・マネー隠しを死守しようとしています。というのも、金融立国イギリスの中心地シティこそ、アングラ・マネーの〝倉庫〟であり、そのハブ的役割を果たしてきたからです。

二〇〇八年のデータを引けば——シティは国際的な株式取引の五〇%、ユーロ債取引の七〇%、国際的な新規株式公開の五五%を占めています。数字には表われませんが、タックスヘイブンにも相当の割合でかかわっているはずです。

リーマン・ショック以来、アメリカがタックスヘイブン退治をやっているため、イギリスは非常に困っていると伝えられます。しかし、イギリスとしてはシティを失うわけにはいきません。いや、シティを甦らせなければいけない。ＡＩＩＢへの参加などで、イギリスが中国に擦り寄っているのは人民元によってシティを復活させようという意図もあるからだと思います。

ですから、苦しくなれば、イギリスはＥＵを抜けるかもしれない。

川口　私は絶対に抜けないと見ています。

いまのＥＵの委員長（ルクセンブルクのユンケル）はそうではありませんが、ＥＵの要職には社会主義者が多い。現在のＥＵ議会の議長はシュルツというドイツ人ですけど、これもバリバリの社会主義者。しかもＥＵ議会というのは大きな力をもっていますから、いうことなすこと、イギリスやドイツの与党の国策に合わない。イギリスは、どうにかしてこの流れを変えたい。

西尾　みんな自分の国の都合でいっているんです。イギリスはイギリスの都合でいっている。

川口　もう一つ問題なのは、「金融緩和をしたい」南欧と「緊縮財政」を推進したいドイツの対立です。

金融緩和をすると、そのとばっちりはEUの強い国にくるんです。ドイツだとかイギリスだとかスカンジナビア諸国が損をする。そこで、「なるべく金融緩和はさせない」というのがドイツの方針ですが、それが南ヨーロッパの国にはすごく嫌われているのです。ドイツ対南欧の貧乏国であるフランス、イタリアの確執がものすごく強まっています。そのとき「絶対に金融緩和するな」といってくれるのがイギリスですから、その点でも、英独の利害は一致しています。

もう一つ付け加えておきますと、じつはイギリスと同じくドイツの国内にも「反EU」という声が根強い。二〇一三年に新しく結成されたAfD（ドイツのための選択肢）という政党はかなり右寄りで、「EUなんか要らない」とか「EUはあってもいいけれど、ユーロはやめよう」とか、しきりに反ヨーロッパ的な主張をしています。もしイギリスがEUから抜けてしまうと、おそらく他の国でも反ヨーロッパ勢力が台頭してくるに違いありません。そうなったらドイツではAfDが力をもち始め、与党であるCDUにとっては都合が悪い。そこでイギリスをEU内に引き止めるべく、いろいろな手を打っているのです。

西尾　一連のお話をうかがっていると、すべてがアメリカの綻(ほころ)びというか、秩序維持の世界政府的な役割の崩壊に始まっているような気がします。「アメリカの一極支配の終わり」がいわれて、どのくらいたつでしょうか。

アメリカの不見識というか方針の混乱、判断の間違いというのはシリアの化学兵器を約束どおり制圧しなかったあたりから始まっているように思えます。そこから「イスラム国」というテロ集団が生まれ、これにもまったく手を打つことができないでいます。かと思えば、これまで敵対してきたイランと手を結んだために、親米だったサウジアラビアが完全に怒ってしまった……。そんな新しい局面も生まれています。

ウクライナ問題だってそうですよ。あれは単にアメリカの力が衰弱したからではなく、政策がまったく見識を欠いているところに発しています。ロシアに対しいったんは強硬に出たかと思ったら、やっていることは経済制裁だけ。しかも、それも裏は底抜けですから、アメリカの打つ手はことごとく失敗しています。

私は、アメリカという国はほんとうに当てにならなくなったと思っています。いまは尖閣列島問題もあって、中国を意識して反中的な動きを見せていますが、明日またどう変わってしまうか、わかりません。日本はよほど心して動かなければならないと思います。たとえばロシアと手を組んだり、場合によってはドイツと手を組んだり、いろんなことを考えていかなくてはならないと思います。

川口 ドイツとロシアも、ウクライナをめぐり関係が悪化し、ドイツは西側諸国としてロシアの経済制裁に参加をしていますけれど、その一方では関係修復にも動いています。先生がおっしゃるように、外交というのは本来、多面的なものですから、一言ではいえないくらい複雑だと思います。ところが日本は、そういう二股三股外交はすごく下手なように見えます。

西尾　あまりうまくはないけれども、多面的な外交が全然ないわけではありません。日本のメディアの報道がひどく単純だから、そうお感じになるだけです。実際のところ、政府当局者は二股も三股もかけていますよ。

たとえばロシアに対する経済制裁にしても、一応、アメリカと歩調を合わせていますけれども、なんとかしてプーチンを来日させようと画策もしています。中韓との関係にしても、あれだけ頑なな韓国はともかくとしても、中国とはあまり事を荒立てないほうがいいと思うから、裏からいろいろ手を回しているはずです。インドや東南アジアの国々とは非常にいい交流を続けていますから、私は日本の外交も実際はそんなに単純ではないと見ています。

第七章　原発再稼働か脱原発か

エネルギー政策を転換し、さらに反転させたメルケル首相

川口　ドイツといえば「反原発」に舵（かじ）を切って世界の注目を集めていますので、最後にそのお話をさせていただきます。

ドイツの「反原発」の歴史は古く、すでに一九七〇年代から始まっていますから、もう四十年以上の歴史があります。最初は左翼的な「反核」の学生運動で、「男女平等」や「フリーセックス」などとコミになっていました。その点は日本も似たような状況だったと思いますが、日本とドイツが異なるのは、日本の場合、学生運動が衰退するとともに反原発運動のほうも下火になりましたが、ドイツの場合は学生運動が勢いを失ってからも長く続いて、草の根運動というかたちで広がりを見せたことです。そんなときに起こったのがソ連のチェルノブイリ原発事故でした（一九八六年）。

チェルノブイリの事故の後、毎日風向きが変わったので、放射性物質が風に乗って三日間ぐらいでヨーロッパ全土に散らばり、それがバイエルン州の牧草地に降りました。その草を食んだ牛の乳から放射性物質が発見されたものですから、ドイツ中のお母さんたちはパニックに陥りました。それ以来、もともとの原発嫌いがさらに強くなった。〝草の根〟どころか一般の市民まで巻き込んで反原発運動が広がっていきました。

そして、反原発を唱えていたSPD（ドイツ社民党）と緑の党が九八年に連立政権をつくると、二〇〇〇年に大手電力会社四社と「脱原発合意」を結んでいます。それは、当時稼働していたすべての原発はある一定の量の発電を終えた時点で徐々に停止していく、という取り決めでした。具体的にいえば、「だいたい二〇二二年で全原発が停止される」という決定です。

その後の二〇〇五年、CDU（キリスト教民主同盟）とCSU（キリスト教社会同盟）が政権に返り咲き、SPDと大連立を組みます。ここで第一次メルケル政権が発足しました。この間は、エネルギー政策に大きな変化はありませんでしたが、〇九年の総選挙で反原発のSPDが政権から退くと、第二次メルケル政権はエネルギー政策を大転換しました。翌一〇年、「原発の稼働年数を平均十二年延長する」という法案を可決させたのです。

すると、それに対して国民がものすごく怒りました。かつての合意を引っくり返されたSPDや緑の党も怒りましたが、国民の反発はもっとすさまじかった。メルケル首相が真っ青になってしまうほどの大反発でした。「これでは次の選挙は勝てない」と思ったはずです。この後、大事な州選挙がいくつも控えていたし、二〇一三年は総選挙の年でした。メルケル首相は、原発容認の政策で危機に陥ったのです。かといって、「原発の稼働年数を平均十二年延長する」とした決定を急いで引っ込めるわけにもいかない。そんなとき、たまたま起きたのが日本の福島第一原発の事故でした（一一年三月）。

窮地に陥っていたメルケル氏が、これに飛びつきました。彼女は「福島はすべてを変えた」と言うなり、突然SPDや緑の党よりもっと〝エコ〟になって、自党のエネルギー政策を大転換しました。その後、ドイツの原発は、二〇二二年までにすべて停止すると決められたのはご承知のとおりです。つまり、SPDのシュレーダー政権が決めた脱原発のリミットをさらに十年も縮めたわけです。これを私は「三回転捻(ひね)りの超絶技巧」と評しました。もっとわかりやすくいえば、豹変(ひょうへん)です。その背景にあった最大のものは、環境でも科学でもなく、権力保持だったと思っています。私はメルケル首相を高く評価していますが、このあまりにも早急な脱原発の決定だけは、長期的に見ると、ドイツにとって良い決定だったと思っていません。

矛盾だらけのドイツの再エネ発電政策

川口　実際、すでにいま、無計画な脱原発を巡って問題が山積しています。脱原発政策のもう一つの柱は、原発の電気の減った分、再生可能エネルギーでそれを賄うということです。目標は、二〇二〇年までに CO_2 を一九九〇年比で四〇％、二〇五〇年までに八〇％削減。そのため、再生可能エネルギーを増やすことが、一時、国是のようになりました。

ドイツには「再生可能エネルギー法」というのがあり、再生可能エネルギーでつくられた電気は「固定価格二十年間全量買い取り」されることになっています。投資先としては、これほどリスクのないジャンルはありませんから、個人も企業も、あるいは自治体が音頭をとった協同組合なども、いっせいに参入しました。その結果、二〇〇〇年から昨年までの十四年間で、再エネ発電量は二十六倍に伸びています。発電量ではなく再エネの発電設備の伸びに至ってはなんと四百倍！

まずここからいろいろな問題が出てきます。需要があってもなくても買い取ってくれるとは言っても、国が買い取るわけではなく、送電線会社が買い取る。ドイツでは、発電、送電、販売が分かれていますので、送電会社が買い取り、それを電気の卸売市場に出す。ただ、太陽が照って、風のあるときなど、電気は供給過剰になり、値段が下がるので、大赤字で採算は取れない。また、送電線にたくさん電気が入りすぎると、いろいろな故障が起こるため、とにかくどこかに流して、送電線に掛かる負担を軽減しなければならない。だから、ときにはお金を払って近隣諸国に引き取ってもらっているときさえあります。そして、その買収経費や赤字分は、すべて電気代に乗せられて、消費者が払っています。だから、ドイツの電気代は、ここ数年、どんどん高くなっているのです。投資家が儲けているお金は、投資するお金のない人が電気代に含まれている賦課金として払っているものです。多くの大企業は、国際競争力を落とさないためという理由で、この賦課金を免除、あるいは、軽減されています。

二つ目の問題は、再生可能エネルギーというのは、これだけ発電施設が増えても、電力の安定供給という観点から見れば、あまりうまく機能しないことです。そもそも、太陽光や風力はお天気任せですので、雲がかかったり、風がやんだりと、常に増減している。しかし、電気というのは、現在の需要に合わせて、それと同量を瞬時に発電しなければいけない。蓄めておくことも、揚水以外にはできない。だから、常に、需要と供給が合うよう、やはり他の電源の発電所が調整しているわけです。

また、出来すぎて送電線に負担をかけるときもあれば、突然、発電がゼロ近くに落ち込むこともある。つまり、そのためにも、他の電源をいざというときのために常時待機させておかなければならない。それをやらされている電力会社は、もちろん採算が取れません。ただ、停電になると困るから、閉鎖もできない。

そこでなにが起こっているかというと、ドイツでは現在、火力発電が増えています。その火力発電所では、液化天然ガス（ＬＮＧ）の値段が高いため、石炭や褐炭を使っています。石炭は外国からも買っていますけれども、褐炭はドイツでは露天掘りで安く採れます。それはそれでいいのですが、褐炭は水分が多いため熱効率が悪く、石炭よりもずっと大気を汚します。当然、CO_2の排出量も増えています。

今年の十二月、パリで世界気候変動会議（ＣＯＰ21）がありますが、ドイツは困っています。いままで環境大国として名を馳せてきたのですから。五月にベルリンで四十か国もの首脳が集まって、パリ会議を成功に導くための気炎をあげましたが、メルケル首相はそこでのスピーチで、「わが国は二〇二〇年まで、一九四年比で二倍の資金を提供する」と言って、満場の喝采を浴びました。これにより、CO_2増加に対する非難を少しでもかわそうとしているのではないでしょうか。

三つ目の問題は、高圧送電線の問題です。脱原発が決まったとき、これが成功するか否かは、いかにして、北ドイツで比較的安定的に供給されている風力電気を、南の工業地域に運ぶかにかかっていると言われました。そのため、脱原発計画には、初めから大送電線の建設計画が盛り込まれていたのです。しかし、その肝心かなめの送電線の敷設も遅れている。なぜ遅れているかといえば、自分たちの暮らす近くに巨大な鉄塔が立ったり、高圧送電線が通ったりするのを嫌う市民が、抵抗運動を始めたからです。かつて「反原発デモ」をした人たちが、いまは「反送電線デモ」をしているというのが現実です。

日本がドイツの「脱原発」をマネしてはいけない三つの理由

西尾　原発から再生エネルギーへの転換はじつに多くの問題を抱えているということですね。

川口　日本では、ドイツの脱原発が大成功しているかのように報道されすぎだと思います。そのため、「ドイツにできて、なぜ日本にできない?」という声が上がるわけですが、ドイツでは現在、原発がすべて停まっているわけではありません。十七基のうち九基は稼働していた。つい先日、六月二十七日に、九基のうちの最初の一基が停止しましたが、それだけでもすでに困っている。これからどうやってあとの八基を止めようかと、試行錯誤している最中です。

一方、日本はいきなり五十基すべての原発を停め、外国から石油とかLNGを買っています。そのため、毎日一〇〇億円も余計なお金が出ていくといわれています。年に直すと、四兆円の無駄遣い。原発が稼働していれば必要のないお金がこんなにも出ていくわけですから、こっちのほうがよほど問題だと思います。いくら働いても追いつきません。

日本の場合、石油やLNGはすべて外国から買っていて、自前の資源がないから、値段の交渉の余地もない。いつも相手の言い値で買わなくてはいけないのです。「売らない」といわれたら、たちまちお手上げです。その意味では、エネルギー問題は経済の問題というより安全保障の問題でもある。少なくとも、環境問題ではないでしょう。だからドイツは、石油はオイル・ショックのときの教訓を生かして、発電にはほとんど使っていません。発電は、国の根幹だから、他の国に依存しすぎては危ないと思っている。どんなに空気を汚すとはいえ、自前の石炭と褐炭があるのは僥倖(ぎょうこう)です。

そもそも脱原発は環境問題とは言えません。環境のためなら、CO_2を出さない原発に分があるし、だいたい、ドイツを見ればわかるけど、自分のところに原発はなくても、周りにたくさんあるのだから、安全というわけでもない。事故が起こって環境汚染につながる危険は軽減されていません。あえて言えば、自分たちの責任で事故が起こることはないということです。

私は先ごろ『ドイツの脱原発がよくわかる本――日本が見習ってはいけない理由』（草思社）という本を刊行しました。これを伝えることが、長年ドイツにいる私の使命だと思って書きました。対談ではお話ししきれないことが書いてありますので、読者のみなさまにはこちらもお読みいただければ、と思います。

なぜ、日本がドイツの脱原発に追随してはいけないのか――その理由は大きく三つ挙げることができます。

①脱原発をめざすドイツは、電力が足りなくなったら多くの近隣国から電気を融通してもらうことができます。逆に、電気が余ったときは――これはいま実際に行われていることですが――やはり近隣国に流しています。相手国が「要らない」といったら、お金を出してでも引き取ってもらっています。そうしないと、送電施設が壊れてしまうからです。ドイツの周りには九か国あって、みな、送電線がつながっています。

日本の場合はそうはいきません。電気が足りなくなったとき、あるいは余ったとき、融通し合える隣国がありません。ドイツと較べて、これは決定的なデメリットです。

②日本の火力発電は二〇一三年、全電力量の八八・三％にも達していますが、先ほども触れましたように、火力の燃料の石油や液化天然ガスはほとんどすべて外国に依存しています。

ドイツの場合は、たしかに熱効率も悪く大気を汚染するといっても、褐炭は捨てるほど採れます。そうした褐炭も入れると、昔もいまもドイツの発電資源はほぼ半分が自前です。発電所で使うほぼ全資源を輸入に頼らなければいけない日本とはまるで条件が違います。この点も、日本がマネしたくてもマネができないところです。

③日本は技術立国として、ここまでやってきました。一九七三年と七九年のオイル・ショックで原油価格が高騰したあとも、すばらしい省エネ技術を開発して発展につなげた。自動車だって低燃費の車をつくって世界のトップに躍り出ました。原子力工学の技術も世界有数です。そんな日本がいままで蓄積した技術を放棄するのは、あまりにももったいない。これは原発だけでなく、医学をはじめ、あらゆる放射線技術の放棄につながってしまう。

政治力も軍事力も資源もなく、食糧の自給もできない日本が技術を失ったら、あっという間に職もなく、福祉もなく、年金もなく、主権も満足に行使できない〝貧しい国〟になってしまうことは間違いありません。主権のない国はもちろん自国民の安全も人権も守れません。

簡単に「脱原発」を口にする人がいますけれども、脱原発というのはそう簡単な話ではありません。今度の脱原発について、あるドイツの経済人は「脱原発は、莫大な費用を要した東西ドイツ統一よりも高いコストがかかりそうだ」と洩らしています。ドイツはそれだけのコストをかけて〝大実験〟しているわけです。

日本もマネできるところはマネをすればいいと思いますが、いま申し上げた①から③を頭に入れてやるべきです。脱原発を視野に入れるのはいいけれど、もっと時間をかけて、計画的にやらなければならない。原発は無くなったが、国も滅びたでは、元も子もないでしょう！

日本には、すばらしい技術力で、危険な物は、安全な物に変えていけばいい。また、先ほど、「電気は蓄められない」と申し上げました。ということは、蓄電の技術はまだまだ開発の余地があります。画期的な蓄電技術が確立できれば、それは世界中に売り込むことができます。原子力も再エネも、技術大国・日本が率先して開発したらいいのです。日本人ならそれができると思う。ドイツが大損しながらやっていることを逐一マネする必要はいっさいありません。

私（西尾）はなぜ「脱原発」を主張しているのか

西尾　私は福島第一原発の事故後、『平和主義ではない「脱原発」』（文藝春秋）や『女系天皇問題と脱原発』（竹田恒泰氏との共著、飛鳥新社）といった本を上梓してきました。タイトルからもおわかりのとおり、「脱原発」を主張してきたわけですが、いまでもその基本的立場を変えるつもりはありません。

ただ、誤解のないようにいっておきたいのは、最初から、「原発はいますぐ全部停めろ」と主張しているわけではないということです。物事はなんであれ、急激な変化はいいことではありません。しかし基本的にいえば、地震の多いこの日本では従来型の原発は問題が多すぎると思っています。

いま、トリウム232からウラン233を取り出し、それを利用する核燃料サイクルの「トリウム原発」は放射線量が低いといわれています。あるいは、放射性物質を無毒化する「元素変換（核変換）」という研究にも取り組んでいると聞きます。そうした新しい原発や新しい技術が発明ないし開発されるならば別ですが、さしあたりは「ベストミックス」といわれる方向へ進む以外に方法はないと考えています。地熱、風力、太陽光といった自然エネルギーによる発電と火力発電、原発といった組み合わせでベストミックスをつくり出し、エネルギーを保全していく道です。

ただ、原発は四十年で廃炉を迎えます。新規建造が見込めないとなれば、おのずと日本列島から姿を消していくでしょう。最終的には脱原発に至る……というのが私の思い描いているプランです。いいかえれば、私は、従来型の原子力発電は人類の未来を示してはいないと考えています。

原発は「安い」といわれてきましたが、はたしてそうでしょうか。原発が順調に運転されている期間中の単位コストは安いのかもしれません。しかし、研究開発費として毎年組まれる四〇〇〇億円もの国庫からの支出、大金で住民を懐柔する地域対策費、毎年一五〇〇億円といわれる教育宣伝費、巨額に膨れ上がる廃棄物処理コスト……。そういうものをすべて加えていったら、けっして安いとはいえないと思います。さらに、今回のような事故が起これば、被害補償額は天文学的な数字になってしまいます。「安い」とはとてもいえません。

とはいえ、原発で培ってきた日本の高度技術を捨ててしまうのはもったいないともちろん考えます。それだけでなく、さらなる技術開発をしていかないと廃炉もむずかしくなるという局面もあります。輝く未来が保障されていないと、その分野の技術者は育ちません。先ごろ、「原子力のジャンルで優れた技術者が育っていないため廃炉もできないんじゃないか」と怖れる声も小耳に挟みました。

原発に対する私のほんとうの不信感は、この列島に多発する地震にあるわけではありません。原発に携わってきた人たちのあまりのひどさ、人間的劣悪さに愕然としたから、再開すれば彼らにまた任せるわけですから、彼らに原発を任せるわけにはいかないと感じているのです。「彼ら」とは、いうまでもなく東電以下、東大の原子力学者、経産省の役人たちです。事故当時の東電の社長や副社長も、原子力安全委員会の委員長も、原子力安全保安院の幹部も、さらにいえば東芝や日立など原発メーカーの〝お偉いさん〟たちも、ことごとく東大工学部原子力工学科の出身者ですから、〝東大原子力ムラ〟の面々といいかえてもいいでしょう。

彼らがいかにひどいか、その典型は当時の原子力安全委員会の班目春樹という委員長です。「原発を廃炉にしたとき、核廃棄物をどこにどのように始末するのか。受け手になる地方がありますか」と訊かれたとき、彼はこう答えています。「お金ですよ。最後はお金です。地域対策費を二倍にすればいいんですよ」と。そして、「それでもイヤだといったら五倍出せばいい。断わる人はいませんよ」と、平然といってのけたのです。こんな男が原子力安全委員会の「長」だというのですから、とても彼らには国のエネルギー政策や国民の安全は任せられません。

あの事故が起こると、東電の幹部たちはただオロオロするばかりで、なんの対策も立てられませんでした。原子力安全保安院の役人たちがなにも答えられない姿はテレビでいやというほど見せられました。

私は、彼ら〝原子力ムラ〟に蟠踞する面々のあまりのひどさに愕然としたんです。

原子力というのは、ご承知のように軍事技術としてスタートしました。アメリカでは原子力潜水艦の廃炉を使ったのが原子力発電の始まりでした。だから、アメリカのＮＲＣ（原子力規制委員会）という組織は海軍に支えられています。その政府機関が原子炉の安全、放射性物質の保安、放射性廃棄物の貯蔵や処理などについて規制し、監督しています。万一、事故が起きたときはＮＲＣの委員長に全権限を集中させ、国民に対する指示も説明も、委員長が責任を負って行っていきます。アメリカの原発はそうした軍事的システムのうえで稼働していますから、常に最悪を想定し、警戒し、用意しています。

原発事故というのは核戦争の現場に近いわけですよ。日本には同様なシステムも、危機管理もありません。ただ、商売として稼働しているだけです。とてもではないけど、安心して彼らに原発を任せるわけにはいかないのです。

物事の順序として、日本だってまずは原子力潜水艦を建造すべきでした。それから潜水艦の炉を利用して原発へ進む。アメリカと似た路線を歩むべきだったのに、安易にも昭和三十年、中曽根康弘や読売新聞の正力松太郎らが「原子力の平和利用」という名のもとに原子力基本法をつくったわけです。

原子力というのは戦後日本の経済的繁栄を支えた大きなエネルギーの一つですから、今回の事故を機に、「過去の日本の原発は無意味だった」とか「だめだった」といって、一刀両断にするつもりはありません。しかしながら、アメリカのような軍事的裏付けなしで、ただひたすら「原子力の平和利用」という掛け声のもとに進められてきた日本の原発は〝戦後平和主義のシンボル〟以外のなにものでもなかったと思っています。つまり日本に原発を推進する資格がはたしてあるのかと疑問に思っているのです。

原発のお寒い警備状況

西尾　日本の原発の「安全神話」は、その意味で、戦後日本の平和思想と国防への無関心が手を取り合うかたちで形成された一種の〝幻想〟でした。今回の事故で、その底が抜けたということです。

それをなによりもよく物語っているのが、日本の原発に関する防備です。海に面した場所に建設された日本の原発は海上から迫ってくるテロに対して、まったく無防備かつ無力です。日本の原発を守っているのは自衛隊ではなく、民間の警備会社なのですから！　原発は自衛隊が守ってはいけないことになっているのだそうです。なんとばかなことをやっている国かと、呆（あき）れてものもいえません。

同じように海に面して原発が建てられている韓国では、外壁に機関銃座が備えられています。軍隊が守っているわけです。外からテロリストが襲ってきたら発砲する準備ができている。ところが日本の場合は、いま申し上げたように、海上保安庁が守る準備もしていない。仮に備えがあったとしても、とても間に合わないというのが現状です。

原発というのはじつに厄介な存在です。単純にいって、原発がそこにあるということは、そこに核の地雷があるということです。上空からバンカーバスター（地中貫通爆弾）を直撃させれば、ただちに核爆発する。

北朝鮮は青森県の上空を越えて太平洋までミサイルを飛ばしたことがあります。あのときは「再処理工場やウラン濃縮工場のある六ヶ所村を狙っているんだ」という説がひそかにささやかれました。六ヶ所村でなく浜岡原発あたりに落としたって、現在は稼働していなくても核燃料は残っているわけですから、甚大な被害が出ます。

つまり、この狭い国土で福島第一原発のような事故がもう一回あったら、この国はおしまいなのです。

いま、安倍政権は原発再稼働に向けていろいろ模索を続けておりますが、私がいま申し上げたような問題——①自衛隊による警備、②電力会社以下、〝原子力ムラ〟と呼ばれてきた集団の大刷新、③新型原発の開発といった根本問題には手をつけてはいないでしょう。とすれば、いままでと同じことをやると思います。これまでと同じように〝原子力ムラ〟の〝ノータリン〟連中が原発を稼働させるということです。それでは、なにも進歩はないし、なんの反省もない。しかし、そうなるに決まっています。そう考えると、もうやってもらいたくない。暗澹たる気持ちになります。

「脱原発」をめぐる甲論乙駁

川口　私の申し上げたことは言葉足らずで、誤解があったかもしれません。

私はなにがなんでも「脱原発はよくない」といっているわけではありません。もっと安全で、安価で、環境を破壊せず、しかも、産業国の電力を任せられる電源が出てくれば、願ったり叶ったりです。そうなれば、安心して「脱原発」できます。ただ、いまの時点では、太陽光や風力は、産業国の根幹を担う電源とはなりえません。でも、日本は産業国なのです。そして、将来も産業国として生きていかなければならない。だから試行錯誤が必要なのです。おそらく先生も同じお考えだと思いますが、いま、すべての原発を停止しているのは考えものだといっているのです。まずは、エネルギーのベストミックスを探すべきだというのも同じ意見です。

それなのに、民主党政権の菅（直人）首相はいきなりすべての原発の稼働を停めてしまいました。そして、外国から石油とか液化天然ガスを買っている。そのうえ、どさくさに紛れて、固定価格での二十年間全量買い取りを決め、しかもドイツよりも高い買い取り値段を設定した。ドイツでは当時、すでに買い取りの問題が噴出していて、値下げを始めていたのですよ！

私はこんな状態が続けば、国のためにならないどころか、再生エネルギーで電気を生み出す前に国が滅びてしまうことにもなりかねないと、それを危惧しているのです。

西尾　その長期的な話をすると、ウランは無尽蔵ではなく、資源の限界は石油よりも早くやって来るようです。しかも、最近はオーストラリアやカナダから輸入するのではなく、アフリカで採っているという話も聞きました。詳しいことはよくわかりませんが、ウラン採掘に当たって被曝するせいか、アフリカでは病気も発生しているようですから、将来的には原材料の確保に不安があるといわれています。

もう一つ大事なことは、ウランは完璧に〝日本いじめ〟に使われているという問題があります。わが国は、大学であれどこであれ、ほんの小さな核兵器の実験をやろうとしたら、「ただちにウランの売却を停止する」と言い渡されているといいます。つまり、核に関して日本は国際社会から完全に管理されているのです。

日本は再生利用できるプルトニウムをたくさんもっておりますが、これもかなりの量を廃棄しなければならないところへきています。私が調べたところによりますと、六ヶ所村でもどこでもＩＡＥＡ（国際原子力機関）の職員が常駐して、プルトニウムが軍事利用されないように厳しく監視しています。

川口　でも、先生、監視されているのは日本だけではなくて、イランもそうですし、NPT（核拡散防止条約）を結んでいる国はすべてそうです。それに、日本保有のプルトニウムのほとんどはフランスとイギリスに置いてあって、日本にあるものは純度が低くて、核兵器にはできません。

また、ウランの輸入ですが、アメリカやカナダ、オーストラリアなどから購入するのはいいとしても、ロシアには用心したほうがいいと思います。ロシアにはなるべく依存の度合を低くすることが安全保障の基本ではないでしょうか。私は、ロシアは嫌いではないのですが、やはり警戒するべき国の一つです。日本が原爆でやられたあと、宣戦布告してきた国は、信用できません。

それに中東情勢だってどうなるかわかりません。エネルギーが来なくなれば産業国である日本は絶対にやっていけません。オイル・ショックで懲りたからこそ原発を一所懸命になって導入して、電源の多角化を図ってきたのに、その教訓を忘れて、LPGと石油に全面的に依存するようになったら、日本の将来は真っ暗です。

西尾　川口さんがおっしゃっていることは全部わかっているつもりです。でも、どんなことをしても、原発は最後に危険な放射性廃棄物が残ることになります。その廃棄物に対する処置がまだ決まっていない。私は北海道の稚内の近くにある最終核処理場を見学したことがありますが、中国のように土地が広大無限であればどうにかなるでしょうが、国土の狭い日本にはやはり（放射性廃棄物を出す原発は）荷が重いのではないかと思いました。

日本の原発をめぐる数々の課題

西尾　ちょっとした朗報はシェールガスの出現です。アメリカのライス大学の研究所の研究によれば――アメリカとカナダにおけるシェールガスの生産量の増加によって、ロシアとペルシャ湾岸諸国からヨーロッパ各国へのガス輸出価格が抑制される見通しだといいます。シェールガスが出現してから原油の安売りが始まっているのはご存じのとおりです。これはサウジアラビアが生産調整しないで原油を増産しているからです。いわば、シェールガス対策の安値です。

私の知っている範囲でいいますと、シェールガスの出現によってアメリカが産油国になる可能性が増え、そのためロシアが困っているといわれています。そんなシェールガスを潰すために、既成の産油国が大増産を続けている。これが現状だそうです。

川口　中東の産油国がアメリカのシェールガス潰しに出ている？

西尾　シェールガスの採算を合わなくさせるのが目的です。

ただし、シェールガスにも問題がないわけではないようです。採掘坑はいっぱいありますが、採掘してもすぐに涸れてしまうらしい。そこでまた新たに採掘して、涸れるとさらに別の坑を採掘する……。それをいくらでも繰り返すそうです。

でも、そこでまたまた日本の技術開発が始まっていて、炭酸ガスを利用すると通常の三倍くらいの量が採れるといいます。日本の企業がアメリカに出かけて行って、アメリカと手を組んでその開発を始めていると聞いています。

私ら、素人にはなにがどうなるかわかりませんが、間もなくシェールガスが日本に入ってきて、日本のエネルギー事情が飛躍的に改善されるといいなと思っています。いまは原油がこれまでの半値以下になっているので助かっていますけれども、いつまでこの安さが続くかわかりませんから。

川口　シェールガスはたしかに安いんですが、私が聞いたところでは、簡単に採れるところから掘り始めるからだんだん涸れてきて、だんだん採掘のむずかしいところになるので、いずれ値段も上がるのではないか……と。

西尾　そこで日本の企業が技術開発をして、採掘を終えた坑を再採掘する……と（笑）。

川口　最後に一つだけ申し上げたいのは、たとえ日本が脱原発を果たした場合でも、近隣諸国に原発を稼働させている国がある以上、原発事故のリスクがなくなることはないということです。中国ではこれからも原発は増え続けていきますから、リスクは確実に増える。ドイツも、先に申しましたが、原発国に囲まれているし、原発の数も増えていくでしょう。その意味では、きれいな国土を守ることはむずかしいかもしれません。

西尾　放射能の強さは距離の二乗に反比例するので、外国と国内とでは同じ事故でも国外の事故の影響は相対的に小さくなります。

川口　また、日本の原発がいくら秀れているといっても、原発を輸出するとき日本国内で原発が一基も稼働していないのでは、まったく説得力がありません。中国とフランスの合弁会社が中国製の原発を外国に売り込もうとしていますが、日本はそれより秀れた最先端技術を手にしているわけですから、その技術革新はもっと進めるべきだと思います。

西尾　日本の原発技術は高く、それを失ってはならないというのはおっしゃるとおりです。そういえば、トルコとＵＡＥ（アラブ首長国連邦）が日本の原発の導入を決めました。原発は一基数百億円といいますから、商売としても大きいし、売った後のメンテナンスの面でも関係が続きますから、大きなメリットがあります。

川口　そもそも、千年に一度の地震でも、日本の原発は壊れなかった。世界で地震のある場所、イランとかトルコなどは、日本の原発技術を導入するのがいちばん安全ですよ。

西尾　ただ、私が危惧しているのは官僚や科学者や政治家の質です。何度もいうようです

が、私は彼らをまったく信用していません。たとえ技術は秀れていたとしても、それを管理し、運営し、統治する人たちの精神が問題なのです。みんな「軍事」ということをまったく考えていない人々ばかりです。事故になればそこが恐ろしいと思っているのです。

あとがき

本書の校正を了えた日にギリシャの国民投票があった。ＥＵの要請に応じて緊縮財政を受け入れるのか、それともこれに反対してＥＵに支援の保証をさらに続けよとの高い要求を積み重ねるのか、というこの小国の運命を決める投票が行われた。結果は周知のとおり後者が過半を占めた。その後の展開はいまの私にはわからない。この本が読者の手に渡るころにどうなっているか。さらに一年後に、十年後にどうなっているか、だれにもわからない。

ＥＵから巨額の借金をしている側の国民が反ＥＵの投票に勝ったとはしゃいで、左翼青年のようなギリシャの新首相が民主主義の勝利だと叫んでいる光景は私には不思議に見えた。彼らはＥＵの首脳によって小国が切り捨てられるなんてありえないと高を括っているのである。弱者の恫喝(どうかつ)といっていい。ＥＵ側も怒りの限界まで来ている。不当に高いギリシャ市民の年金や育児手当までなんで自分たちが出さねばならないのか、とドイツ国民は憤懣(ふんまん)やる方ないし、一方そういうことを言われっぱなしのギリシャ市民は屈辱に戦(おのの)いている。

日本は大都会に人口が集まり、とりわけ東京に富が集中し、地方自治体は疲弊している。同じことがEU全体に起こっているということなのだ。ベルリンにイタリア人が二万人以上、スペイン人が一万人以上、もちろんギリシャ人も多数住んでいる。高学歴のコンピュータ技師、弁護士、会計士、音楽家やアーティストなどの頭脳労働者がもう帰国するつもりもなく、ドイツや北欧に屯（たむろ）しているのである。ギリシャはもとよりポルトガルやスペインやイタリアには金になる仕事はないからだ。彼らはドイツや北欧で単なる出稼ぎ単純労働をしているのではない。人生の拠点を北に移し、有能でとりわけ若い南の人間が北で働き、北の富の蓄積に貢献している。そうなれば当然だが、南の国々には高齢者や失業者ばかりが残ることになる。国境を外した「ヒトの自由化」というEUの理想がいまや現実化している以上、EU市民はいわば同じ国民扱いなのだから、南出身の人間を北から南に追い返すことはできない。東京や大阪に高学歴の若い人材が自然に集まり、地方は疲弊し、地方で経済的に比較的安定している人は公務員ばかりになっているのとEUの南北格差はよく似ているのである。ただ日本は一つの主権国家である。それに対し、EUは複数の主権国家の集まりだから、各国家単位のエゴイズムもなお依然として強烈である。たいへんに大きな矛盾である。

私は一九九二年七月六日付『朝日新聞』夕刊に「『大欧州』の出現に疑問」という評論

を書いたことがある。米国経済学者レスター・サローがソ連を含む八億もの大欧州市場の出現を予言していた時代にである。いつの時代にもこういう上っ調子のことを言う人がいて、世論が浮き足立つ。いまは同じような調子で中国の力を過度に言い立てる人が跡を絶たない。人間のエゴイズムを見ていないからだ。七、八年ほど前に私は川口マーン恵美さんにユーロは必ず失敗し、マルクとフランが復活するよと言って、そんなことはないと叱られた。マルクとフランが復活するかどうかはわからないが、ＥＵが未曾有の困難にぶつかっていることは間違いない。それは、「ベルリンの壁」が崩落して自由陣営が勝利感にどよめいたあの流れとつながっている。主権国家の垣根が低くなり、民族や宗教の対立は深まったが、同じ民族や宗教の境い目はかえって弱くなった情勢の変化と関係がある。カネ、モノ、ヒトの移動の自由が盛んに言われた。最初は「国際化」という言葉が、次に「グローバリズム」がわが国でも時代の方向を示す善の代名詞になった。このような傾向は「ベルリンの壁」の崩落の少し前に始まり——フランスの蔵相ドロールの肝煎りによるＥＣ統合の提案は一九八一年である——共産主義の超国家主義に取って替わるべき新しい普遍主義、近代国家の枠を越えていくアンチ・モダンの思想潮流とつながった。そして二〇〇八年のリーマン・ショックで、これはおじゃんになった。結局は国家が基本だと思い知らされ、あえなく雲散霧消したのは記憶に新しい。金融危機はたしかに国境を超えてグローバルに広がりはしたかもしれないが、危機に打ち勝てるかどうかは各国家の運と力量に任されていて、グローバリズムはなんの役にも立たなかった。

EUが一つの疑似国家になろうとしてなれなかったのにはアメリカの思惑と戦略もある。「ベルリンの壁」の崩落のあとEUはNATOをこわさず、アメリカを引き留めた。みずからの「国軍」を創設するつもりもなかったし、アメリカもEUの軍事的独立を許さなかった。湾岸戦争はドルとユーロの戦いだったが、戦争をしてでもドルの基軸通貨体制を守ると意思表示したアメリカにEUは屈服した形だった。あれからユーロは弱含みとなり統合体としてのEUはがたがたになった。統一軍事力をもたない国ないし地域はみずからの通貨を国際基軸通貨にすることはできない。これから先においてEUはだらだらと曖昧な形態のまま続くだろうが、道は二つに一つしかない。強力な統一国家形態へ変わっていくか、それとも結局は解体するか。

現代の「ドイツ帝国」はまだ成立していない。フランスの学者評論家エマニュエル・トッドが、この表現を芽生え始めた将来の恐れとして言ったまでである。けれどもEUが南北格差の矛盾を克服し、統合を強力に押し進めていくには、たぶん「ドイツ帝国」の方向しかないだろう。ドイツがギリシャ、ポルトガル、スペイン、イタリアを（ひょっとしてフランスをも）徹底的に救済し、守護し、牽引していき、自分が自己犠牲を払っているという意識を忘れてしまうほどにヨーロッパ共同体としての一体感がなんらかの理由で強力になっていったときに初めて、ドイツは統合の責任主体として自己確立し、ＥＵは政治統合体として動き出すことになるだろう。そのときに人は「ドイツ帝国」がゆるやかな連合国家群の全体の象徴として成立したことを認めるだろうし、ＥＵの国軍が機能し始めていることにも気がつくだろう。

はたしてそういうことは起こるだろうか。内部の「個」と「個」のつっぱり合う緊張のうえに展開してきたヨーロッパ文明が、みずからの最良の特性を捨ててまでも、そんな統合体になり得るだろうか。私は疑問だが、しかし、未来になにが起こるかわからない。ヨーロッパ各国はＥＵ問題の解決の方向の一つが統合の緩和ではなく（ＥＵを解体するつもりならそれでもいいが）、統合の強化であることを模索し続けるだろう。とりわけこの目的のために中国のパワーの取り込みにドイツが熱心であることは不気味である。ドイツの技術が中国の産業力と軍事力との増大にどんどん活用され、中国の人口がドイツの製品の購入に無制約に吸収力をもっていることも薄気味が悪い。

中国経済はいま行き詰まっているし、ドイツも八方塞がりだからさしあたりそう簡単には動けない。しかし五十年後、百年後を考えてみてほしい。「ドイツ帝国」はヒトラーもそうだったが、東の方向へ空間拡大を願う本能をもっている。最近のウクライナ問題は早くもその現われの一つであるし、ＡＩＩＢ（アジアインフラ投資銀行）にドイツが飛びついたのも、イギリスなどとは少し動機が違っていると私は見ている。

さて、本書は、以上述べてきたような問題について、過去の歴史解明、現在の新ニュース、未来の予想される展望を「日本はどう考え、どう対決していったらいいか」の観点で多角度から、徹底的に論じ合った一書である。かなり突っ込んだ分析、思い切った判断、大胆な推理に満ち溢れた対談本になったと信じている。

川口マーン惠美氏は現代日本では考えられるかぎり最も正確なドイツ論の書き手である。政治史や国際関係や移民の実態や脱原発問題だけでなく、家庭、教育、交通、生活の利便から芸術比較にまで及ぶ幅の広い教養人であり、ドイツ居住者の利点を越えて、ヨーロッパ、アメリカ、中国、ロシアの全方面の新しい動きを常にキャッチしている。ただのヨーロッパ暮らしのヨーロッパ通ではない。外国居住者に例の多い、自分の住む外国を優位に置いて、日本を見下すふうのもの言いをしたことは一度もない。そもそもそんなレベルのライターではない。みずからの思想をもっている国際問題研究家である。観察は常にバランスがとれていて、日本の弱点をも見据えている。そしてなによりもいいのは文章が良いことである。私が感服したのは名文家だなア、ということから始まった。流れるような名文をあっという間にさらっと書く。私はいい文章を書く人でなければ言論に携わるべきではないといつも言っている。これからドイツ問題だけでなく、多方面の活躍が期待される人である。

ところで本書を編成しまとめてくださったのは元徳間書店の編集局長松崎之貞氏である。私の他の仕事にもご協力いただいている方で、いつものように該博な知識と行き届いた調査で対話の言葉の不足を補正してくださった。またビジネス社社長の唐津隆氏、同社編集部の佐藤春生氏にもご配慮、ご尽力賜った。川口氏ともども諸氏に御礼申し上げる。

平成二十七年七月七日

西尾幹二

[略歴]

西尾幹二（にしお・かんじ）

ドイツ文学者、思想家、評論家。

昭和10年東京生まれ。東京大学文学部独文科卒業。同大学大学院文学修士。文学博士。

著書に『同盟国アメリカに日本の戦争の意義を説く時がきた』『憂国のリアリズム』（ビジネス社）、『決定版 国民の歴史 上下』（文藝春秋）、『天皇と原爆』『人生について』（新潮社）、『GHQ 焚書図書開封1～10』（徳間書店）他。国書刊行会より『西尾幹二全集』（全22巻）が刊行中、第12回配本『自由の悲劇』まで配本完了（2015年7月現在）。


川口マーン惠美（かわぐち・まーん・えみ）

作家、拓殖大学日本文化研究所客員教授。

大阪府生まれ。ドイツ・シュトゥットガルト在住。日本大学芸術学部音楽学科ピアノ科卒業。シュトゥットガルト国立音楽大学大学院ピアノ科修了。

著書に『なぜ日本人は、一瞬でおつりの計算ができるのか』（PHP研究所）『住んでみたドイツ 8勝2敗で日本の勝ち』『住んでみたヨーロッパ 9勝1敗で日本の勝ち』（講談社＋α新書）、『ドイツで、日本と東アジアはどう報じられているか？』（祥伝社）、『証言・フルトヴェングラーかカラヤンか』（新潮社選書）、『ドレスデン逍遥』『ドイツ流、日本流』（いずれも草思社）ほか。

膨張するドイツの衝撃

2015年 8月18日　第1刷発行
2015年11月 1日　第3刷発行

著　者　西尾幹二　川口マーン惠美
発行者　唐津 隆
発行所　株式会社ビジネス社
〒162-0805　東京都新宿区矢来町114番地 神楽坂高橋ビル5F
電話　03(5227)1602　FAX　03(5227)1603
http://www.business-sha.co.jp

〈装幀〉大谷昌稔　〈本文組版〉エムアンドケイ　茂呂田剛
〈写真〉伊原正浩
〈印刷・製本〉中央精版印刷株式会社
〈編集担当〉佐藤春生　〈営業担当〉山口健志

ISBN978-4-8284-1833-9

西尾幹二関連書籍

同盟国アメリカに日本の戦争の意義を説く時がきた

米中韓の「反日」勢力と日本の「売国奴」たちに宣戦布告する書

本体1000円＋税

憂国のリアリズム

感傷を排して世界を見よ

アメリカ依存中毒から脱しきれない日本人に告ぐ！

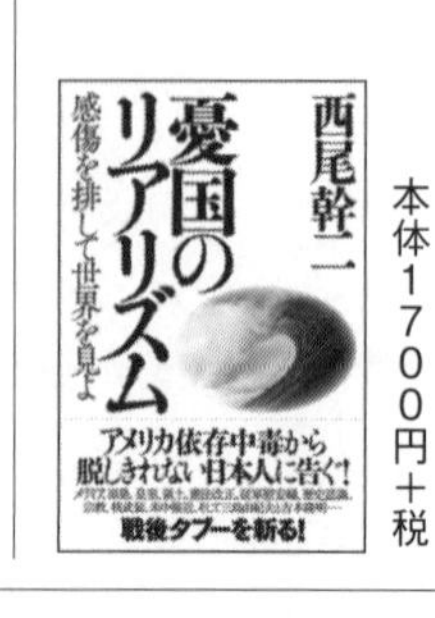

本体1700円＋税

中国人国家ニッポンの誕生

移民栄えて国滅ぶ

日本語だけでは暮らせない社会になる

西尾幹二責任編集

三橋貴明
関岡英之
河添恵子
坂東忠信
河合雅司

本体1200円＋税